114 стратегий игры в теннис, психологические тактики и тренировочные упражнения
Улучшите вашу игру за 10 дней

Джозеф Корреа

"Научитесь раскрывать в себе психологические и физические навыки, о присутствии которых вы даже не догадывались."

АВТОРСКИЕ ПРАВА

©2016 Finibi Inc

Данная книга в целом или любая ее часть не может быть воспроизведена или использована в любой форме без письменного разрешения издателя за исключением небольших цитат, использованных в отзывах о книге.

Сканирование, загрузка и распространение этой книги через Интернет или с помощью любых других средств без специального разрешения издателя и автора является незаконным и преследуется по закону.

Приобретайте только авторизованные издания этой книги. Пожалуйста, проконсультируйтесь с вашим врачом перед началом тренировок по этой книге.

ВВЕДЕНИЕ

Стратегии играют большую роль в конкурентном мире тенниса и знание того, как применять эти стратегии могут помочь вам выиграть больше матчей против сильных противников. С помощью этих стратегий вы сможете следующее:

1. Подготовиться к определенному стилю игрока.

2. Знать какие контрстратегии могут быть использованы для более эффективного соперничества.

3. Применять данные стратегии, основываясь на вашем стиле игры.

Книга стратегий игры в теннис и психологических тактик небольшого размера и должна храниться в вашей теннисной сумке или там, где вам её будет легче всего заметить в случае, если вам нужно будет быть готовым к применению наиболее полезной стратегии для конкретного матча.

Тренировочные упражнения являются веселым занятием и приносят массу удовольствия тем, кто их выполняет. Некоторые тренировочные упражнения с веревкой могут иногда показаться очень трудными, но вы не должны сдаваться. Продолжайте усердно трудиться и рано или поздно у вас всё получится. Этот необычный вид тренировки поможет вам в целом улучшить контроль над высокими ударами, низкими ударами, высокими кручеными ударами, а также резаными ударами, плоскими или минимально кручеными. Вы также улучшите вашу способность направлять мяч в определенные места на корте, а также научитесь быть более последовательным. После завершения этой подготовки вы будете чувствовать себя более полноценным теннисистом, а также будете испытывать наслаждение при виде ваших оппонентов, которым теперь придется работать намного больше.

Если вы только начинаете играть в теннис или уже достигли определенного уровня подготовки, вы также можете проделывать эти тренировочные упражнения, так как они только улучшат ваше мастерство. Однако, вы можете почувствовать, что вам потребуется много сил и настойчивости прежде чем вы станете выполнять всё так, как нужно.

Данная книга написана относительно правшей. Если вы левша, то вам просто нужно делать всё наоборот. Это было сделано для простоты описания, но относится как к правшам, так и левшам.

ОБ АВТОРЕ

Здравствуйте, меня зовут Джозеф Корреа и я являюсь профессиональным игроком в теннис и тренером с 15-летним стажем. Я много лет занимаюсь профессиональным теннисом, а также являюсь профессиональным сертифицированным тренером от USPTR (Профессиональная Теннисная Ассоциация Соединенных Штатов Америки).

Спустя годы соревнований и тренировок с лучшими мировыми теннисистами, я понял, что большинство может быть очень успешными в игре в теннис при наличии правильной психологической, физической и эмоциональной подготовки.

Выполнение подтвержденных научных техник, тренировочных упражнений, а также пошаговых этапов поможет вам достичь вершины. По этой причине я подготовил первую группу тренировочных DVD и книг, рассказывающих о том, как достичь ваших целей.

Посредством моей работы и учебных пособий, я помог сотням любителей и профессиональных игроков в теннис достичь замечательных результатов в их психологических и физических целях, а также в области выступления во время игры.

Я обучаю всему тому, что, по моему мнению, понадобится вам для достижения ваших целей. Я надеюсь, что вам понравится мой курс и вы поделитесь с вашими близкими извлеченными из него уроками и идеями.

СОДЕРЖАНИЕ

АВТОРСКИЕ ПРАВА

ВВЕДЕНИЕ

ОБ АВТОРЕ

МАТЕРИАЛЫ И УСТАНОВКА

ГЛАВА 1: СТРАТЕГИИ ПРОТИВ ОСНОВНЫХ СТИЛЕЙ ИГРЫ

1. Как обыграть игрока задней линии
2. Как играть с "сеточником"
3. Как бороться с "контр-отбивальщиком"
4. Как победить игрока, отличающегося хорошими подачами и ударами с лета
5. Как обыграть теннисиста, играющего по всему корту
6. Как преодолеть любителя "свечей"
7. Как обыграть "толкача"

ГЛАВА 2: ИГРАЕМ С ПРОДВИНУТЫМИ СТИЛЯМИ ИГРЫ

8. Как играть с "топспинерами"

9. Как победить теннисиста, использующего исключительно резаные удары

10. Как отразить хорошую подачу

11. Как отразить укороченный удар

12. Как победить бегуна

13. Как переиграть мастера удара правой руки

14. Как преодолеть сильного нападающего

ГЛАВА 3: ИГРАЕМ ПРОТИВ НЕТИПИЧНЫХ СТИЛЕЙ ИГРЫ

15. Как победить "крикуна"

16. Как победить игрока, который тянет время

17. Как победить теннисиста, играющего в быстром темпе

18. Как победить любимчика толпы

19. Как отражать мягкие угловые удары

20. Как отражать глубокие и высокие удары

21. Как справиться с высокими ударами справа

22. Как победить игрока, использующего разные удары

ГЛАВА 4: ПСИХОЛОГИЧЕСКИЕ СТРАТЕГИИ

23. Как справиться с нервами

24. Как преодолеть стресс во время матча

25. Как оставаться сосредоточенным всю игру

26. О чем поразмыслить во время перерывов

27. О чем поразмыслить до начала матча

28. О чем поразмыслить в ночь перед матчем

29. Если вы на один сет позади

30. Если вы на один сет впереди

31. Что делать при матч-поинте

32. Что делать после двойной ошибки

ГЛАВА 5: ПСИХОЛОГИЧЕСКИЕ ТАКТИКИ

33. "Знай оппонента своего"

34. "Матч заканчивается, когда он заканчивается"

35. "Будьте готовы к успеху"

36. "Сохраняйте непроницаемое лицо"

37. "Скрывайте свои слабые стороны и извлекайте выгоду из чужих"

38. "Тот, кто забивает последним, выигрывает"

39. "Оставайтесь верным самому себе"

40. "Первый удар, дважды удар"

41. "Симулируйте, чтобы выиграть"

42. "Крушите стены"

43. "Учитесь на каждом матче"

44. "Приобретайте знания"

45. "Знайте правила"

46. "Выстройте вашу шахматную доску"

47. "Найдите схему"

48. "Шахматный король в залог"

49. "Постройте основу"

50. "Не иссушите колодец"

51. "Всё дело в голове"

52. "Подарки только на день рождения"

53. "Львиное сердце"

54. "Выберите ваше оружие"

55. "Совершенствование через подражание"

56. "Четырёхлистник"

57. "Юмор для храбрых"

58. "Идите туда, где весело"

59. "Маленькие шаги для великана"

60. "Вторая подача: пусть хорошо вам подаст"

ГЛАВА 6: ТРЕНИРОВОЧНЫЕ УПРАЖНЕНИЯ С ПОДАВАЕМЫМИ МЯЧАМИ

1. Кросс ударом справа над верёвкой

2. Кросс ударом слева над верёвкой

3. Удар по линии справа над верёвкой

4. Удар по линии слева над верёвкой

5. Кросс над верёвкой, чередуя удар справа и удар слева

6. Кросс над верёвкой по линии, чередуя удар справа и удар слева

7. Кросс под верёвкой ударом справа

8. Кросс под веревкой ударом слева

9. Удар по линии под веревкой справа

10. Удар по линии под веревкой справа

11. Кросс под веревкой, чередуя удар справа и удар слева

12. Удар по линии под веревкой, чередуя удар справа и удар слева

ГЛАВА 7: УПРАЖНЕНИЯ С «ЖИВЫМ» МЯЧОМ НАД ВЕРЕВКОЙ

13. Обмен ударами над веревкой до 20 мячей крученым ударом справа на кросс справа (последовательность)

14. Обмен ударами над веревкой до 20 мячей крученым ударом слева на кросс слева (последовательность)

15. Обмен ударами над веревкой до 20 мячей крученым ударом справа на удар по линии слева (последовательность)

16. Обмен ударами над веревкой до 20 мячей

крученым ударом слева на удар по линии справа (последовательность)

17. Обмен ударами до 20 мячей над веревкой, где один игрок выполняет только кроссы, а другой только удары по линии (последовательность в виде фигуры 8)

18. Обмен ударами до 20 мячей над веревкой, где один игрок выполняет только удары по линии, а другой только кроссы (последовательность в виде фигуры 8)

ПОД ВЕРЕВКОЙ

19. Обмен ударами до 20 мячей под веревкой кроссом справа на правую сторону

20. Обмен ударами до 20 мячей под веревкой кроссом слева на левую сторону

21. Обмен ударами до 20 мячей под веревкой ударом по линии справа на левую сторону

22. Обмен ударами до 20 мячей над веревкой ударом по линии слева на правую сторону

23. Обмен ударами до 20 мячей под веревкой резаными кроссами слева

24. Обмен ударами до 20 мячей под веревкой, где один игрок выполняет только кроссы, а другой только удары по линии в виде фигуры 8

25. Обмен ударами до 20 мячей под веревкой, где один игрок выполняет только удары по линии, а другой только кроссы в виде фигуры

ТРЕНИРОВОЧНЫЕ УПРАЖНЕНИЯ НАД И ПОД ВЕРЕВКОЙ

26. Один игрок выполняет только крученые удары справа над веревкой, а другой - кроссы справа под веревкой

27. Один игрок выполняет только крученые удары слева над веревкой, а другой - кроссы слева под веревкой

28. Один игрок выполняет только крученые удары справа над веревкой, а другой - удары по линии слева под веревкой

29. Один игрок выполняет только крученые удары слева над веревкой, а другой - удары по линии справа под веревкой

30. Один игрок выполняет только крученые удары слева над веревкой, а другой - удары резаные кроссы слева под веревкой

31. Один игрок выполняет только крученые удары справа над веревкой, а другой - обратные кроссы слева под веревкой

ГЛАВА 8: ТРЕНИРОВОЧНЫЕ УПРАЖНЕНИЯ СО СЧЕТОМ ОЧКОВ

32. До 10 очков только над веревкой без подачи

33. До 10 очков только под веревкой без подачи

34. До 10 очков, где один игрок наносит удары только над веревкой, а другой – под (без подачи)

35. До 10 очков (с подачей) над веревкой (подача всё время проходит под веревкой за исключением, если вы выполняете крученый удар или крученую подачу)

36. До 10 очков (с подачей) под веревкой (подача всё

время проходит под веревкой за исключением, если вы выполняете крученый удар или крученую подачу)

ГЛАВА 9: ОБЫЧНЫЕ ТРЕНИРОВОЧНЫЕ УПРАЖНЕНИЯ СО СЧЕТОМ ОЧКОВ БЕЗ ВЕРЕВКИ

37. Только кроссы справа до 10 очков без подачи

38. Только кроссы слева до 10 очков без подачи

39. Только удары по линии до 10 очков слева направо без подачи

40. Только удары по линии до 10 очков справа налево без подачи

41. До 10 очков с подачей, играя только кроссами справа

42. До 10 очков с подачей, играя только кроссами слева

43. До 10 очков с подачей, играя только ударами по линии слева направо

44. До 10 очков с подачей, играя только ударами по линии справа налево

45. До 10 очков, когда один игрок может выполнять только кроссы, а другой игрок – только удары по линии без подачи

46. До 10 очков, когда один игрок может выполнять только удары по линии, а другой игрок – только кроссы без подачи

47. До 10 очков, когда один игрок может выполнять только кроссы, а другой игрок – только удары по линии с подачей

48. До 10 очков, когда один игрок может выполнять только удары по линии, а другой игрок – только кроссы с подачей

49. До 10 очков без подачи и без четкой схемы.

50. До 10 очков с подачей и без четкой схемы.

51. Сыграйте целый сет с подачей, выполняя только кроссы, а ваш партнер только удары по линии.

52. Сыграйте целый сет с подачей, выполняя только удары по линии, а партнер только кроссы.

53. Сыграйте целый сет по любой из предложенных схем на ваш выбор.

54. Сыграйте целый матч по любой из предложенных схем на ваш выбор.

Еще от Джозефа Корреа

МАТЕРИАЛЫ И УСТАНОВКА

Вам понадобятся:

1 Теннисный корт

1 веревка, достаточно длинная, чтобы её можно было привязать к разным концам корта.

Человек, который будет вам подавать мячи или отбивать, в зависимости от упражнения.

Установка:

Отмерьте примерно 2-3 фута (до одного метра) от высоты сетки и привяжите веревку к ограждению (или к чему-либо еще). Возьмите линейку и отмерьте 2 фута над сеткой для более сложных по уровню упражнений и 3 фута для упражнений обычной трудности.

ГЛАВА 1: СТРАТЕГИИ ПРОТИВ ОСНОВНЫХ СТИЛЕЙ ИГРЫ

Стратегия #1

Как обыграть игрока задней линии

ПРОБЛЕМА:

Хорошему игроку задней линии, также называемого бейслайнером, удобно играть у задней линии и не подходить к сетке. Именно по этой причине лучшей стратегией будет подвести бейслайнера к сети с помощью оборонительных ударов, что поставит его в затруднительное положение, и он попросту может пропустить легкий "удар с лёта".

РЕШЕНИЕ:

Один из лучших способов победить бейслайнера - подвести его/её к сетке, используя любой из этих ударов: короткий резаный удар, вплотную к сетке, короткий топ-спин, короткий угловой удар.

Если вы исполнили короткий резаный удар, то у бейслайнера появится желание подойти ближе к сетке, а если удар был слишком коротким, то он будет вынужден покинуть заднюю линию и продвинуться ближе для удара с лета или удара над головой.

Если вы подали удар вплотную к сетке, то вам, безусловно, удастся подвести своего оппонента к сетке, так как у него не будет выбора, кроме как зайти в границы корта.

Если вы выполнили короткий топ-спин, то это не вынудит вашего противника подойти к сетке, но поставит его в затруднительное положение, если он этого не сделает. Вы можете воспользоваться их размещением и просто ударить позади вашего соперника.

Если вы выполнили короткий угловой удар, то противник не только отойдет от задней линии, но и выйдет за пределы корта, что поставит его в очень затруднительное положение, если он не сможет охватить весь корт, приблизясь к сетке.

Если вы сделали хорошую подачу, сделайте подачу, удар с лета и подбегите к сетке просто для того, чтобы удивить оппонента и время от времени получить бесплатные ошибки.

Стратегия #2

Как играть с "сеточником"

ПРОБЛЕМА:

"Сеточник" всегда готов продвинуться вперед и чаще всего это происходит на второй подаче, на слабых и коротких ударах. Их лучшие удары, как правило, удары с лета и удары над головой. Они будут спешить продвинуться к сетке после своей же подачи. Они выигрывают наибольшее количество очков, грамотно играя у сетки, что заставляет оппонентов совершать ошибки или принимать неверные решения.

РЕШЕНИЕ:

Лучшим решением будет просто удерживать "сеточника" на задней линии путем хорошей подачи и не бояться несколько ослабить свой контроль. Кроме того, можно выполнить глубокий топ-спин и кросс-удар, чтобы удержать "сеточника" за пределами корта о вдали от сетки. Если "сеточник" всё же добрался до сетки, то ваши действия должны быть следующими:

1. Обойдите его, ударя их, нажав вниз линию.

2. Обойдите его, выполнив кросс-удар.

3. Обойдите его, выполнив короткий угловой удар.

4. Высоко подбросьте мяч через левую сторону с помощью плоского удара, топ-спина или короткого резаного удара.

5. Ударьте по мячу прямо в направлении его тела, чтобы застать его врасплох и снизить его скорость.

Стратегия #3

Как бороться с "контр-отбивальщиком"

ПРОБЛЕМА:

"Контр-отбивальщик" не тот игрок, который будет брать на себя инициативу в игре. Как правило, это игроки, которые будут ждать, чтобы решение приняли вы, а потом превзойти ваш удар. Если вы продвигаетесь к сетке, они будут обходить вас. Если вы атакуете ударяя сильнее, они будут использовать вашу силу и играть по всему корту. Этот тип игроков может быть большой проблемой, если вы не знаете, как с ними играть. Чем интенсивнее и быстрее вы играете, тем это лучше для них, если у вас нет четкой стратегии.

РЕШЕНИЕ:

Чтобы обыграть "контр-отбивальщика" вам нужно понимать, что в большинстве случаев, если вы хотите атаковать, у вас должен быть заранее составленный план действия, который вы сможете воплотить на практике во время игры. Ниже приведены несколько примеров:

- Подавать широко, а затем ударить по открытому корту.

- Нанести удар по открытому корту, а затем последовать к сетке, чтобы усилить давление на своего противника, и выиграть очко.

- Произвести короткий удар и заставить их взять на себя инициативу, приближаясь к сетке.

Стратегия #4

Как победить игрока, отличающегося хорошими подачами и ударами с лета

ПРОБЛЕМА:

Игроки, отличающиеся хорошими подачами и ударами с лета отличаются скоростью и решительностью. Они и не моргнут глазом, если появится возможность забить очко. Они подают длинные подачи с силой или спином и затем приближаются к сетке.

РЕШЕНИЕ:

Лучшей стратегией против такого стиля игры будет снизить скорость вашего соперника или остановить их когда они начинают приближаться. Существуют три лучших способа снизить скорость оппонента и заставить его совершать ошибки:

1. Вернуть подачу к их ногам, так чтобы им практически пришлось выполнить удар с лета.

2. Верните подачу прямо на оппонента, заставляя его увернуть тело для удара с лета. Возможно, это не

самый хороший способ замедлить оппонента, но этот способ работает, когда у вас отсутствуют другие варианты.

3. Выполните "свечу". Просто отбейте мяч высоко и отойдите назад, в случае если оппонент совершит сильный удар над головой, так как многие будут стараться сделать именно это. Если вас получится выполнить довольно высокую "свечу", им придется полностью остановиться и выполнить выдержанный по времени удар над головой, который не всегда легко выполнить из-за ветра, дождя, полуденного солнца, светящего прямо в глаза, или когда уже темнеет и становится практически невозможно разграничить пространство.

Стратегия #5

Как обыграть теннисиста, играющего по всему корту

ПРОБЛЕМА:

Проблема с теннисистом, который удобно себя чувствует в любой точке корта, заключается в том, что он может всё. Он выполняет хорошие подачи и удары с лета, контрудары, а также быть спокойным и последовательным на задней линии. Каждый теннисист всегда тренируется и работает над тем, чтобы стать именно таким игроком, так как в таком случае не будет присутствовать очевидных слабых мест, которые могут облегчить победу над вами вашему оппоненту.

РЕШЕНИЕ:

Как правило, данный тип игрока играет хорошо везде, но это не означает, что него отсутствуют слабые места. Сфокусируйтесь на том, что у них получается хуже всего и выстройте свою игру основываясь на этом так, чтобы вы делали то, что у вас получится лучше всего.

Например, если у них слабый удар справа, а у вас сильный удар слева, то вы должны сделать подачу таким образом, чтобы им пришлось использовать удар справа, а вы в это время должны оббежать так, как будто вы хотите совершить удар справа. Продолжайте давить на то, чтобы они отбивали ударами справа до тех пор, пока у вас не появится возможность приблизиться к сетке или забить очко. Другая хорошая стратегия - атаковать у сетки с их слабой стороны и таким образом заставить оппонента совершать ошибки.

Стратегия #6

Как преодолеть любителя "свечей"

ПРОБЛЕМА:

Трудно играть с игроками, которые выполняют "свечу" или постоянно играют высокими ударами, они просто могут заставить вас потерять терпение. Вы хотите перейти в наступление, но они замедляют игру своими "свечами". Когда вы хотите подойти к сетке, вы знаете наверняка, что вам придется выполнить удар над головой.

РЕШЕНИЕ:

Вы не хотели бы проиграть матч, играя низкокалиберными ударами, в то время как ваш оппонент использует заведомо выигрышные удары, такие как "свеча". Лучшим планом будет вытащить оппонента из его комфортной зоны и заставить его выполнять "свечи" из неудобных позиций на корте или с мест, из которых "свечи" вообще невозможны. Если вы будете выполнять низкие угловые удары, то это заставит любителя "свечей" отойти с дальней части корта к боковым линиям, что значительно затруднит выполнение "свечей", так как расстояние до мертвой зоны" короткое, чем если бы они стояли позади задней линии. Другой способ вывести игроков данного типа из их "свечной игры" - просто выполнять короткие удары или удары вплотную к сетке, что заставит их подойти к сетке. А уже возле сетки вы сможете выполнять либо удары с лета, либо над головой, но никаких "свечей". Еще одним эффективным способом победить любителя "свечей" - выполнять короткие резаные удары, так как с такого удара намного труднее исполнить приличную "свечу" и затем вы просто сможете ударять позади вашего оппонента, после того как он выполнил не совсем хороший удар. И последним способом, который вы можете использовать против такого типа игрока - посылать мяч в воздух так, чтобы он не касался земли. Это может быть очень эффективным, если вы находитесь внутри задней линии, с которой удобно засылать мяч в воздух.

Стратегия #7

Как обыграть "толкача"

ПРОБЛЕМА:

"Толкачи" являются последовательными игроками, которые совсем не атакуют во время матча и часто оказываются успешными в своей тактике. Они не совершают много ошибок, но также и не забивают много выигрышных очков. Они ждут, когда вы совершите все ошибки, что может оказывать на вас еще большее давление.

РЕШЕНИЕ:

"Толкачей" обычно нужно вынуждать на совершение ошибок. Одним из лучших способов это сделать - подвести такого игрока к сетке с помощью укороченного удара или удара вплотную к сетке, а затем просто заставлять их выполнять удар с лета или удар над головой, которые чаще всего являются их худшими ударами, так как они в основном играют на задней линии корта, постоянно удерживая мяч в игре. Если вы хорошо играете у сетки, то вам необходимо нападать у сетки быстрыми, короткими ударами, заставляя оппонента идти на большой риск, используя такой удар, как "свеча". Обе стратегии эффективны против такого стиля игры.

ГЛАВА 2: ИГРАЕМ С ПРОДВИНУТЫМИ СТИЛЯМИ ИГРЫ

Стратегия #8

Как играть с "топспинерами"

ПРОБЛЕМА:

Сильный топспин, или переднее вращение мяча в полете, становится всё более популярным в последнее время. Обычно при таком ударе мяч отскакивает быстро и высоко, что затрудняет нападение или приближение к сетке. Такой удар либо заставить вас отойти назад, либо продвинуться вперед, чтобы отбить мяч.

РЕШЕНИЕ:

Вы можете сделать следующее для контратаки сильных топспинов. 1. Просто отступить и позволить мячу добраться до удобного положении для удара. Таким образом, вы не ударяете на уровне или выше плеча, что является более трудным ударом для большинства людей. 2. Вы можете ударить по мячу по мере того, как он только поднимается и еще не слишком высоко, одновременно заходя на корт. Для этого требуется больше умения, чем позволить мячу вернуться вниз, но это может пойти на пользу, если вы будете заставлять противника побегать за вашими ударами, перехватывающими мяч в полете.

Стратегия #9

Как победить теннисиста, использующего исключительно резаные удары

ПРОБЛЕМА:

Некоторые теннисисты используют только резаные удары в силу того, что они у них хорошо получаются, либо потому что они не могут выполнять другие виды ударов. Мяч будет лететь низко и будет коротким, что затрудняет нападение соперника или не позволяет ударять выигрышные удары.

РЕШЕНИЕ:

Терпение с такого вида игроком окупится с лихвой. Ключевое поведение в такой ситуации – не переусердствовать на отбивании таких ударов. Постарайтесь ударять низко и продвигаться вперед. Лучшим способом заставить их промахнуться - это либо заставить их побегать, а затем перевести игру к сети, когда оппонент выполняет очередной резаный удар, либо запутать его в высоте ударов. Смешение высот означает ударить низкий топспин, затем высокий топспин, И продолжать в том же духе, пока оппонент не найдет правильный угол ракетки, что заставит его ударить слишком низко у сетки или наоборот слишком высоко за пределы корта.

Стратегия #10

Как отразить хорошую подачу

ПРОБЛЕМА:

Мастера подачи могут быть жесткими противниками из-за скорости, с которой мяч летит на вас. Удар будет сильным и быстрым, без особого предупреждения.

РЕШЕНИЕ:

Раскачивайтесь на задней части корта, передвигайте ногами, прежде чем прилетит мяч. Совершите разножку, когда оппонент ударяет по мячу, чтобы улучшить время реакции. Секрет отбивания быстрой подачи в том, чтобы не перестараться. Научитесь использовать силу противника, просто отбивая выдержанный по времени мяч. Вы можете часто заметить, что не нужно сильно отбивать мяч, чтобы у вас получилась хорошая отдача; очень важно это не забывать. Перемещайте ноги, не сводите глаз с мяча, не сильно раскачивайтесь и продвигайтесь вперед по мере того как вы отбиваете, чтобы ваш удар был успешным.

Стратегия #11

Как отразить укороченный удар

ПРОБЛЕМА:

Укороченные удары являются хорошим оружием, так как они не требуют много энергии. Этот удар является утонченным и также известный как удар-касание. Укороченные удары ценятся также как заведомо выигрышные удары или удары над головой. Запомните одно, расстояние от боковых сторон корта короче, чем расстояние напрямую до сетки. Когда вы выполняете укороченный удар, вы заставляете своего оппонент пробегать более длинные расстояния.

РЕШЕНИЕ:

Лучшим контрударом укороченного удара будет такой же укороченный удар. В таком случае будет меньше шансов, что вас обойдут, выполнят "свечу" или даже нацелятся на вас. Если у вас получится освоить этот удар, то вам удастся заставить побегать ни одного оппонента за неожиданным для них ударом. Второй удар, который вы можете исполнить как контрудар на укороченный удар, может быть отражение к слабой стороне вашего оппонента, а затем ожидать, что вам придется исполнить удар с лета или над головой. Если вы хотите уменьшить количество укороченных ударов от вашего оппонента, вы можете либо сильно и глубоко ударить по мячу, либо глубоко и высоко. Вследствие этого им будет труднее выполнить укороченный удар.

Стратегия #12

Как победить бегуна

ПРОБЛЕМА:

Бегуны — сильные противники, потому что обычно они не сдаются и не дают мячу выйти из игры. Некоторые игроки выигрывают матчи исключительно за счет их скорости. Они отбивают много мячей, пока их оппоненты в конечном итоге не справляются и проигрывают.

РЕШЕНИЕ:

У бегунов всегда слабый удар. Это может быть их удар справа, слева, подача, удар с лета или над головой. Найдите их слабое место и начинайте работать с ним вместо того, чтобы использовать выигрышные удары. Вы должны понять, что их самой большой силой является их скорость, так что вы должны сосредоточиться на том, что они делают хуже, даже если это означает, что вы не будете использовать выигрышные удары. Вы должны быть терпеливы и дать им возможность делать ошибки с их слабыми ударами. Будьте настойчивыми и стойкими, пока они не начнут делать ошибки их же ударами, а затем не отклоняйтесь от плана. Вы будете склоняться к тому, чтобы закончить поинт, но вам всегда окупится придерживаться плана и не позволять вашему оппоненту делать то, что они делают лучше всего, а именно гонять мяч на скорости. Чтобы победить эти типы игроков наступайте на их слабости, а не на их скорость так как в противном случае, вам придется сильно попотеть, чтобы выиграть очко. Придерживайтесь плана и будьте стойкими.

Стратегия #13

Как переиграть мастера удара правой руки

ПРОБЛЕМА:

Сильный удар правой руки у теннисистов очень распространен, так как такой удар является, как правило, оружием для выигрывания очков и их самым лучшим ударом. В сегодняшней игре сильный удар правой руки стал просто необходимостью для выигрывания очков, так как игроки становятся быстрее и сильнее, что означает, что мяч прилетает к вам сильнее и быстрее.

РЕШЕНИЕ:

Сильные удары справа являются сильными только до тех пор, пока они приходятся в зону между коленями и плечами. Если вы можете сможете заставить соперника ударять ниже или выше этой зоны, то, скорее всего, их удары уже не будут такими страшными. Старайтесь выполнять низкие резаные удары к их правой стороне или высокие "топспины", чтобы уменьшить количество энергии, которую они могут генерировать с этой стороны.

Стратегия #14

Как преодолеть сильного нападающего

ПРОБЛЕМА:

Сильные нападающие пересиливают свих оппонентов со всех фронтов и нередко начинают поинты с потрясающей подачи. Они выигрывают очки, просто ударяя сильнее, чем другие.

РЕШЕНИЕ:

Вам необходимо замедлить сильных напасающих следующими замедляющими ход игры ударами: низкие резаные, высокие "топспины", вплотную к сетке и короткие угловые. Сильные нападающие не любят изменения скорости, потому что им проходится приспосабливаться к глубине, высоте и скорости мяча. Однако, после таких изменений сильные нападающие либо проигрывают, либо замедляются для уменьшения своих ошибок. И после того как вы перебили им их план игры, вы можете начать выигрывать больше очков.

ГЛАВА 3: ИГРАЕМ ПРОТИВ НЕТИПИЧНЫХ СТИЛЕЙ ИГРЫ

Стратегия #15

Как победить "крикуна"

ПРОБЛЕМА:

"Крикуны" могут быть громкими и отвлекать ваше внимание. Они будут произносит' возглас при каждом ударе И увеличивать свою громкость в зависимости от длины поинта, важности поинта или от вашей усталости.

РЕШЕНИЕ:

Научитесь сосредотачиваться на более важных аспектах вашей игры, как дыхание и работа ног. Сильная фокусировка на том, что делает ваш оппонент, будет вас отвлекать и удерживать от вашей лучшей игры в теннис. Найдите на что вы можете обратить свое внимание между поинтами, например: завязывать шнурки, поправлять их и вытираться полотенцем, когда вы вспотели. Если это слишком большое отвлечение для вас, просто издавайте возгласы как и ваш оппонент.

Стратегия #16

Как победить игрока, который тянет время

ПРОБЛЕМА:

Игроки, которые намеренно тянут время между очками и перерывами между сетами, хотят контролировать темп матча. Некоторым игрокам нужно играть быстро для поддержания собственного темпа, другие же не прочь играть помедленнее. Замедление матча, в случае если вы проигрываете, является замечательной стратегией, поскольку это дает вам больше времени на исправление любых совершаемых вами ошибок и возвращение к нужному руслу игры. Когда эту стратегию использует ваш оппонент, то для вас может быть трудным вернуться к выгодному вам ходу игры.

РЕШЕНИЕ:

Сфокусируйте свое внимание на том, что нужно делать именно вам. Не попадайте в ловушку оппонента, теряя время. В таких случаях необходимо быть всегда на готове и показать противнику, что вы на чеку.

Стратегия #17

Как победить теннисиста, играющего в быстром темпе

ПРОБЛЕМА:

Некоторые игроки предпочитают галопом нестись через поинты, не давая своим оппонентом прийти в себя и обдумать свои ошибки, которых бывает больше чем обычно, в случае если вы не привыкли, что вас подгоняют. У них обычно очень короткие перерывы для попить и они всегда начинают подавать до того как вы отходите к задней линии для отражения подачи.

РЕШЕНИЕ:

Когда ваш оппонент постоянно подгоняет игру, лучшей стратегией будет замедлить ход игры, пока вы не будете чувствовать себя комфортно, и не будете делать ошибки из-за того, что вас поторапливают. Лучшее из того, что нужно сделать в такой ситуации:

Вытираться полотенцем, пить воду и медленно дышать во время перерывов.

Положить полотенце на заднем или боковом заборе, чтобы между поинтами вам приходилось прогуляться за ним и тем самым замедлить игру.

Завязывать ваши шнурки до подачи или перед отражением подачи.

Натянуть струны ракетки перед подачей или перед приемом подачи.

Стратегия #18

Как победить любимчика толпы

ПРОБЛЕМА:

Будучи хорошим или плохим игроком, любимчик толпы может представлять некоторые трудности в игре. Некоторые зрители или члены семьи могут быть очень громкими и "болеть" настолько интенсивно, что сосредоточиться на матче бывает крайне тяжело. Они хлопают, когда вы теряете очко, а также во время важных моментов и розыгрышей по ударам.

РЕШЕНИЕ:

Любимчики толпы являются серьезными противниками, когда они побеждают, но когда они проигрывают, наступает затишье. Сконцентрируйтесь на том, чтобы начать матч выигрывая, и сделайте всё возможное, чтобы продолжить в том же темпе. Чем больше вы будете вести матч, тем меньше шума вы услышите из толпы. Некоторые из фанатов оппонента, члены семьи и другие болельщики могут просто покинуть матч, что для вас будет означать меньше отвлечения и лучшие результаты. Если вы являетесь игроком, которому нравится, когда болельщики ратуют не за вас, я все равно хотел бы порекомендовать начать игру с выигрыша и продолжать оставаться на высоте до окончания матча. Любимчики толпы остаются любимчиками только в случае если они побеждают или, по крайней мере, у них имеется шанс на победу. Но если вы можете доказать, что никаких шансов у них нет, то это будет вам только на руку.

Стратегия #19

Как отражать мягкие угловые удары

ПРОБЛЕМА:

Мягкие угловые удары - хорошее оружие, потому что они заставляют игроков сойти с задней линии к передней и боковой части корта. Это открывает весь корт для вашего оппонента и практически позволяет им иметь почти полный контроль над поинтом.

РЕШЕНИЕ:

Лучший способ борьбы с мягкими угловыми ударами - делать одну из трех вещей:

- Следовать за мячом к сетке и срезать только что образованный угловой удар.

- Отразить таким же угловым ударом и отступить к середине корта.

- Ударить вплотную к сетке прямо перед собой, чтобы таким образом подвести вашего оппонента к сетке и затем закрыть половину корта, блокируя даже возможность обводного удара.

Стратегия #20

Как отражать глубокие и высокие удары

ПРОБЛЕМА:

Если выполнять глубокие высокие удары постоянно, то это приводит многих теннисистов к совершению большого количества ошибок. Таким образом, они практически отталкивают оппонента за заднюю линию и вынуждают ударять отклоняясь назад, что уменьшает производимую вами силу на следующем ударе. Даже если удар выполняется вместе с топспином, он все равно представляет угрозу и требует контрнаступление.

РЕШЕНИЕ:

Глубокие высокие удары могут быть отражены следующими способами.

- Вы можете отступить назад и отразить таким же глубоким высоким ударом и посмотреть, как ваш оппонент отреагирует на этот удар.

- Вы можете ударить на подъеме, как только отскакивает мяч.

- Вы можете исполнить резаный удар, чтобы мяч оставался на низком уровне, а удар был коротким.

- Помимо отражения глубоких высоких ударов вашего оппонента, вы также можете предотвратить их следующими способами:

- Ударяя низкие угловые или топспины.

- Ловя мяч в воздухе, отбивая с лёт, для того, чтобы мяч не приземлялся глубоко.

- Выполняя низкие короткие удары, которые заставляют вашего оппонента продвинуться внутрь корта, что затруднит выполнение очередного высокого глубокого удара.

Стратегия #21

Как справиться с высокими ударами слева

ПРОБЛЕМА:

Высокие удары слева являются одним из наиболее проблемных ударов для большинства игроков, особенно если вы, как правило, играете одной рукой. Высокие удары слева требуют больше силы, чтобы вернуться в корт и с ними намного труднее исполнить хорошие высокие удары.

РЕШЕНИЕ:

Есть три способа справиться с ударами слева:

1. Вы можете оббежать вашу левую руку и выполнить удар справа.

2. Вы можете выполнить удар слева, прежде чем он станет высоким ударом справа.

3. Вы можете отступить назад настолько, насколько нужно и выполнить удар средней высоты или опять удар слева.

Стратегия #22

Как победить игрока, использующего разные удары

ПРОБЛЕМА:

Игроки, использующие разные удары могут исполнять различные замысловатые удары, но, как правило, не обладают хорошей техникой игры. Они держат мяч в игре и не позволяют атаковать их удары. Их частыми ударами являются следующие: резаные, резаные боковые, боковые топспины, свечи и удары вплотную к сетке, которые касаются земли и возвращаются к сетке, а также мягкие удары-касания.

РЕШЕНИЕ:

Когда вы не знаете чего ожидать, лучшим решением будет быть готовым к приему различных ударов. Убедитесь, что вы находитесь рядом с мячом, если он чаще обычного находится в движении. Если вы не чувствуете себя комфортно с тем как отскакивает мяч, нападайте у сетки, где Ивы будете ударять по мячу в воздухе, чтобы вам не пришлось думать о том как отскакивает мяч.

ГЛАВА 4: Психологические стратегии

Стратегия #23

Как справиться с нервами

ПРОБЛЕМА:

Нервничать во время теннисного матча - это вполне естественная реакция. Важно не позволить вашим нервам негативно сказаться на игре. Иногда излишние нервы могут ввести вас в заторможенное состояние во время важных моментов, что только подстигнет вас на глупые ошибки и увеличит ваши шансы на проигрыш.

РЕШЕНИЕ:

Существует несколько способов справиться с нервами. Ниже приведены лишь некоторые из тех, которые очень хорошо срабатывают для большинства теннисистов:

- Шевелите ногами. Часто когда вы нервничаете, вы перестаете передвигать ногами, что увеличивает ошибки. Частое и более быстрое движение ног поможет вам лучше справляться с мячом и даст возможность расслабиться во время розыгрыша мяча.

- Вдыхайте и выдыхайте во время розыгрыша мяча. Вдыхайте, когда мяч летит к вам и выдыхайте на ударе. Когда вы не разыгрываете мяч, то еще более важно глубоко дышать для расслабления мышц и для того, чтобы сосредоточиться на вашей стратегии вместо ваших ощущений.

- Снижение уровня интенсивности. Попробуйте думать положительно о том, что вы планируете делать во время розыгрыша мяча, а также дышите глубоко и медленно, чтобы снизить частоту сердечных сокращений.

Стратегия #24

Как преодолеть стресс во время матча

ПРОБЛЕМА:

Стресс является еще одним естественным фактором, который случается, когда вы чувствуете себя напряженным или подавленным, а также под влиянием внешних параметров, таких как семья, друзья, опоздание, забывание теннисного оборудование, погодные условия и т.д.

РЕШЕНИЕ:

Чтобы преодолеть стресс, в первую очередь вам необходимо понять, что же его вызывает. Если вы опоздали на свой матч, то ни в коем случае не спешите. Вы не наверстаете упущенное время в спешке, а наоборот прибавите шансов пропустить мячи. Если вы переживаете из-за погоды и чувствуете, что скоро пойдет дождь, то вам необходимо сосредоточиться на каждом отдельном розыгрыше мяча и пусть погодные условия идут своим чередом отдельно от того, что происходит в матче. Если причина вашего стресса - это член семьи, то вы должны попытаться сосредоточить свое внимание на матче и блокировать все негативные мысли. Вы также можете попросить, чтобы они сидели молча во время матча или вообще попросить их уехать и возвратиться после окончания матча. Члены семьи желают вам только успеха, но напряжение матча может вызвать у них слишком много стресса. Выясните, что вызывает стресс и избавьтесь от этой прблемы, чтобы сосредоточиться исключительно на победе.

Стратегия #25

Как оставаться сосредоточенным всю игру

ПРОБЛЕМА:

Быть всегда на чеку - очень трудная задача. Некоторые люди начинают игру хорошо, но заканчивают плохо из-за отсутствия сконцентрированности. Другим же удается быть сосредоточенным на игре достаточно долго, чтобы успешно завершить гейм или сет.

РЕШЕНИЕ:

Для того, чтобы оставаться сосредоточенным на протяжении всего матча, необходимо следующее:

1. Визуальные напоминания. Они помогут вам сконцентрироваться на важных моментах матча и помогут вам выиграть больше очков. Одним из лучших способов сделать это - записать шпаргалки на листке бумаги, на который вы можете взглянуть во время перерывов. Таким образом, вы не забудете, что вам нужно делать.

2. Запишите на стикере две или три важные мысли, которые помогут вам оставаться сосредоточенным

3. в матче и поместите стикер на безопасное место на вашей ракетке, откуда он не сможет отклеиться. Внутренняя верхняя часть ручки теннисной ракетки - лучшее место для стикера.

Стратегия #26

О чем поразмыслить во время перерывов

ПРОБЛЕМА:

Перерывы в теннисных матчах редко используются для раздумий. О чем же вы должны думать? Вы устали и хотели бы попить, можно ли думать о чем-то еще? Скажем так, перерывы - это лучшее время делать то, что в теннисе важнее всего, а именно, думать и находить решения сложившимся проблемам в матче и, наконец, добиваться успеха.

РЕШЕНИЕ:

Во время перерывов вы должны думать о том, что заставляет вас терять очки, а что помогает их выигрывать. Если вы не выигрываете очки, то ваша задача разобраться почему это происходит.

Может быть ваш оппонент взял под свой контроль розыгрыш мяча и заставляет вас отбивать мяч только ударами слева, не позволяя вам использовать удар справа, который является вашим коронным.

Возможно, вы недостаточно работаете ногами и вам нужно сконцентрироваться именно на этом.

Может быть вы устали и хотите выиграть быстрее, но не знаете как. Но во время перерыва вы осознаете, что вам необходимо быть более агрессивным и, возможно, больше нападать ближе к сетке и почаще ударять вплотную к сетке.

А может быть ваш противник не делает ничего особенного, а все ошибки делаете вы сами. Вы понимаете это во время перерыва и решаете, что вам нужно дольше держать мяч в игре или заставить оппонента совершать больше ошибок.

Стратегия #27

О чем поразмыслить до начала матча

ПРОБЛЕМА:

Перед началом матча важно хорошенько обдумать и подготовить план атаки. Однако, очень важно знать о чем именно думать, особенно когда на кону стоит победа или поражение.

РЕШЕНИЕ:

Само собой разумеется, что во время матча вы должны сделать все возможное, чтобы не думать слишком много, но перед матчем вы должны обязательно подготовиться к тому, что вы будете делать во время матча. Таким образом, вы сможете перейти на "автопилот" во время матча и просто выполнять задуманную заранее стратегию. Вы должны сконцентрировать ваше внимание на том, что может сделать вас наиболее успешным, например:

- Шевелить ногами.

- Бросать мяч высоко при подаче.

- Следить за вашими ударами с полулета.

- Следить за мячом.

- Не торопится во время разыгрывания мяча.

- Наступать на слабые стороны вашего оппонента с самого начала.

- Нападать после второй подачи оппонента.

- Не позволять внешним факторам отвлекать вас.

Стратегия #28

О чем поразмыслить в ночь перед матчем

ПРОБЛЕМА:

В ночь перед матчем вы должны отдохнуть и думать только о вещах, которые находятся под вашим контролем. Не беспокойтесь о том, что может вас огорчить, например, дождь, ветер и т.д. Убедитесь, что ваше тело и разум получат необходимый отдых ночью перед матчем, так как вы не хотите начинать новый день усталым или обессиленным.

РЕШЕНИЕ:

В ночь перед матчем вы должны практиковать визуализацию, т.е. представлять как бы вы хотели сыграть на следующий день. Вы можете представить конкретные стратегии, которые вы хотели бы воплотить в жизнь, например:

- Резаные удары и атака на сетке.

- Выполнение высоких топ-спинов для отражения оппонентом ударом слева или с его слабой стороны.

- Длинные розыгрыши мяча диагональными ударами.

Другие вещи, которые можно мысленно представить в ночь перед матчем:

- Представить как вы мечетесь из угла в угол, отражая трудные удары.

- Стоять уверенно, чтобы отразить подачу.

- Гордо подбрасывать мяч перед подачей.

- Быть мотивированным и энергичным между розыгрышами мяча.

Стратегия #29

Если вы на один сет позади

ПРОБЛЕМА:

Когда вы на один сет позади, то легко начать сомневаться в себе и начинать заранее думать, что этот матч вами проигран. Для того, чтобы изменить ход событий нужно поменять как эмоциональный, так и физический настрой.

РЕШЕНИЕ:

Когда вы на один сет позади, то ключевым моментом будет определить, где именно вы теряете очки и где вы их выигрываете.

Если вы пропустили много высоких ударов и если это то, на что нажимает ваш оппонент, то вам необходимо больше атаковать на сетке и уменьшить количество отражаемых вами высоких ударов с задней линии.

Если вы проигрываете при затяжных розыгрышах мяча из-за меньшей физической подготовки по сравнению с вашими оппонентами, то вам нужно выявить способ как сделать розыгрыш мяча менее длительным. Вы можете чаще подводить вашего оппонента к сетке или побольше выигрывать очки.

Если вы выигрываете очки, обходя удары слева и совершая удары справа, то вы должны попробовать продолжать в том же духе.

Если вы выиграли все ваши очки, когда вы подавали первыми, то вам нужно сосредоточиться на большем количестве первых подач.

Стратегия #30

Если вы на один сет впереди

ПРОБЛЕМА:

Если вы выиграли первый сет, то вы находитесь в эмоциональном и физическом преимуществе. Что же вам нужно сделать во втором сете, чтобы выиграть матч?

РЕШЕНИЕ:

После вашей победы в первом сете, вы догадываетесь, что ваш оппонент будет прилагать больше усилий, чтобы выиграть очки. Кроме того, вы знаете, что находитесь близко к финишу, так как половину гонки вы уже закончили.

Важно делать эти 3 вещи:

1. Продолжайте делать то, что вы делали, чтобы продолжать выигрывать очки. Изменение выигрышной стратегии не будет правильным ходом в данной ситуации. Не вносите глупые изменения будучи менее агрессивным или более агрессивными.

2. Приложите дополнительные усилия в первых 3 геймах матча так, чтобы вы хорошо вели в счете. Это деморализует оппонента и облегчит оставшуюся часть матча. 3-0 или 2-0 или 4-0 - любой из этих счетов является замечательным началом второго сета.

3. Убедитесь, что вы ведете в счете, пока матч не закончится, чтобы не позволить вашему противнику даже предположить, что у них имеются шансы на победу в матче. Если вы этого не сделаете, то можете пожалеть позже.

Стратегия #31

Что делать при матч-поинте

ПРОБЛЕМА:

Матч-поинт может рассматриваться по-разному. Всё может измениться при правильном подходе. Однако, излишняя самоуверенность или наоборот сильные сомнения в себе являются неблагоприятными реакциями в матч-поинте. Что вам необходимо сделать?

РЕШЕНИЕ:

Матч-пойнт является замечательной возможностью для выигрыша в матче. Во время матч-пойнта не нужно загружать себя лишними мыслями. Всё должно быть предельно просто. Все, что приносит вам победу, следует повторять во время матч-пойнта без сомнений и с точностью. Если вы начинаете нервничать, просто дышите и передвигайте ногами. Не смотрите вокруг себя и не позволяйте себе отвлекаться.

Помните ПРИДЕРЖИВАТЬСЯ ИЗНАЧАЛЬНОГО ПЛАНА!

Стратегия #32

Что делать после двойной ошибки

ПРОБЛЕМА:

Двойная ошибка влияет на вас и эмоционально и психологически. Всё, что нужно запомнить, что это нормальное явление и может случаться с вами во время матча, конечно, если вы не делаете их слишком часто. Разница заключается в том, что вы делаете и думаете после двойной ошибки, чтобы исправить ситуацию.

РЕШЕНИЕ:

1. Сосредоточьтесь на том, что вам нужно сделать, чтобы ваша подача удалась. Вторые подачи требуют высокую степень контроля, потому что они являются вашим последним шансом на подачу. Не начинайте нервничать или давить на себя. Убедитесь, что вы следуете следующим 5 шагам, чтобы избежать вероятность двойной ошибки:

2. Будьте избирательны с подбрасываниями. Не отбивайте каждый бросок. Не торопитесь и отбивайте

только те броски, которые наверняка будут в вашу пользу.

3.   Не спешите с движениями во время подачи.

4.   Ударьте мячом не менее 4 раз перед подачей для того, чтобы замедлить ваши действия.

5.   Следите за раскачиваниями.

6.   При отражении мяча держите подбородок и голову к верху, чтобы вы смогли вести мяч глазами как можно дольше.

ГЛАВА 5: ПСИХОЛОГИЧЕСКИЕ ТАКТИКИ

33. *"Знай оппонента своего"*

Очень важно знать вашего соперника еще до начала матча. Скорее всего, они уже навели о вас справки и знают больше, чем вы можете себе представить. Поэтому вам необходимо расспросить об игроке, с которым вы будете играть. Вы можете поспрашивать друзей, бывших соперников, членов команды и вообще всех, кто может дать какую-либо информацию о вашем оппоненте. Такая информация полезна только перед началом матча, а остальное вы, скорее всего, разузнаете уже на корте. Даже если ваш оппонент не наводит о вас справки, вам все равно нужно это сделать.

Существуют две основные причины почему необходимо наводить справки о вашем оппоненте: во-первых, вы сможете проанализировать его слабые и сильные стороны (зная это, вы сможете решить какую стратегию лучше всего выбрать для матча); во-вторых, у вас будет время проиграть матч в голове до того как вы зайдете на корт. Другими словами такую психологическую тактику можно назвать "визуализация". Вы можете практиковать удары и стратегии, которые вы захотите использовать, не уставая физически.

Высококлассный теннис во многом зависит от этой тактики. Многие представляют себе матч и как они собираются играть и не задумываются над тем, что они на самом деле визуализируют свою игру. Многие из нас время от времени представляют себе свою будущую игру. Когда вы знаете, как играет ваш оппонент, какие у него привычки, психологические и физические возможности, вы сможете составить точный план на игру. Под психологическими возможностями подразумевается насколько силен ваш оппонент психологически. Под физическими возможностями подразумевается насколько хорошо физически подготовлен ваш соперник. Возможно, ваш оппонент навел о вас справки и уже знает как он/ она будет играть с вами. Лучшее, что вы можете сделать до начала матча - это как следует подготовиться и знать своего противника.

34. "Матч заканчивается, когда он заканчивается"

Матчи часто превращаются в соревнования, где оба игрока выжидают кто же сдастся в первую очередь. К счастью для вас матч можно выиграть, даже если от поражения вас разделяет всего одно очко. Многие выигрывали и после счета 6/0 6/0 0-40. Это как раз то, что делает теннис настолько конкурентоспособным. Вы должны быть сконцентрированы до конца матча.

Уверенность играет большую роль в соревнованиях, так как игрок со слабой психологической устойчивостью может и выигрывать матч, а затем проиграть его в конечном итоге. В других случаях, такие игроки могут проигрывать матч и практически не прилагать усилия, чтобы изменить ситуацию. Другие же игроки научились не позволять прошлым обстоятельствам негативно влиять на их будущие матчи. Хороший игрок будет бороться до самого конца, потому что он сможет изменить счет. Другие теннисисты знают, как не допустить, чтобы противник снова взял игру под свой контроль и "добивают" его. Завершить матч и выйти из проигрышного счета являются одними из самых сложных вещей на любом уровне игры. Запомните и не переставайте напоминать себе, что "матч заканчивается, когда он заканчивается", и вы сможете стать игроком, которого боятся другие, и знают за настойчивость.

ЗАДАНИЕ

Попрактикуйтесь играть со счета 5-0 или 4-0 в каждом сете, а затем попытайтесь завершить матч. Как только вы закончите свой первый матч, чередуйтесь с вашей партнером по тренировке. Вы должны сыграть много сетов, чтобы привыкнуть к этой ментальности.

35. "Будьте готовы к успеху"

Успех приходит к тем, кто к нему готов. Как и в жизни, такое отношение должно инкорпорироваться в вашу ментальность и на теннисном корте. Некоторые игроки просто накидывают на себя одежду, наносят солнцезащитный крем, берут с собой несколько мячей и ракетку и направляются к корту. У других в наличие имеется всего несколько минут, чтобы подготовиться к тренировке или матчу и их поведение может показаться вполне оправданным для короткого промежутка времени, доступного для них.

А сейчас давайте рассмотрим еще один подход к подготовке. Во-первых, нужно составить список всего необходимого, что нужно взять с собой на корт. Когда у вас есть всё необходимое, вы сможете морально начать готовиться к матчу. Проведите разминку для разогрева. Это всего лишь общая схема базового плана подготовки. Теперь давайте займемся конкретным планом. Вот основные вещи, которые вам понадобятся на корте.

Это неполный список, вы можете добавить в него всё, что посчитаете нужным. Некоторые из этих вещей могут показаться глупыми, но вы никогда не почувствуете себя глупо в случае если у вас их нет, а вы отчаянно в них нуждаетесь. Со всем необходимым, вы защитите себя от неприятных моментов. Не будьте слишком гордыми и просите помощи даже у вашего оппонента. Мы все были в таких ситуациях и прекрасно знаем, каково это. Большинство из нас с удовольствием помогут друг другу.

Когда у вас всё готово, займитесь своими мыслями. Некоторым людям нравится визуализировать, другие подзаряжаются энергией в разговоре с самим собой, а другие слушают музыку, чтобы расслабиться. Некоторые любят смотреть теннис по телевизору или на площадке. У каждого есть свой подход, чтобы подготовиться к матчу. Попробуйте разные подходы, чтобы посмотреть, что срабатывают лучше всего для вас, для того, чтобы морально подготовиться. Это очень важная часть в подготовке к матчу. Воспринимайте её всерьез.

Если вы хотите играть в теннис в течение многих лет, делайте хорошую разминку перед каждой тренировкой и матчем. Вы даже не представляете все преимущества правильной разминки.

Начните с легкой растяжки; это поможет вашим мышцам стать упругими. Затем пробежитесь в течение нескольких минут. Вы можете бегать на одном и том же месте или вокруг определенной области, до тех пор, пока ваш организм не разогреется. После этого, поиграйте немного в мини-теннис и постепенно дистанцируйтесь от сети, пока вы не дойдете до задней стороны корта, где вы можете постепенно увеличивать скорость ударов.

36. "Сохраняйте непроницаемое лицо"

Большинство людей согласятся с тем, что одними из лучших мировых игроков в покер являются те, кто может сохранять непроницаемое лицо независимо от того хорошие карты или плохие. Это может показаться странным, но эта тактика особенно хороша для тенниса. Вы замечали, как самые хорошие игроки сохраняют серьезное выражение лица и практически не показывают никаких эмоций или изменений в жестах? Это может особенно расстраивать тех людей, которые любят, чтобы их противники срывались и бросали ракетки, когда у них не идет игра или когда проигрывается важный момент. Игроки, которые не показывают эмоции, являются сильными противниками. Даже тогда, когда они отчаянно пытаются выиграть, они предпочитают показывать эту необходимость путем концентрации и спокойствия. Не подумайте, что у них отсутствуют эмоции. Они просто скрыты в настоящий момент. Попробуйте этот подход, чтобы улучшить свою игру. Возможно, когда вы показываете свои эмоции во время игры, это идет вам только на руку, но для тех, кто хочет попробовать что-то новое, это может быть хорошим стартом. Это может изменить то, как вы видите теннис, и вы начнете видеть вещи, которые вы никогда не замечали до этого. Когда вы придаете значение определенным вещам и концентрируетесь, возможны большие изменения. Когда вы спокойны и без эмоций, вы значительно расширяете вашу концентрацию. Непроницаемое лицо игрока в покер поможет вам увидеть, кто блефует, а кто действительно может одержать победу.

37. "Скрывайте свои слабые стороны и извлекайте выгоду из чужих"

Когда-нибудь замечали, как у некоторых игроков всё проходит идеально во время игры? Почему никто не может повернуть игру в своё русло? Возможно, такие игроки очень хороши в скрытии своих слабых сторон. Если вы не знаете, что является их слабой стороной, как вы сможете атаковать их? В матче тот игрок находится не в выигрышном положении, который не знает слабые стороны противника.

Перед началом матча, выясните каковы слабые стороны вашего оппонента и как вы можете использовать их для своей выгоды. Расспросите ваших друзей и других теннисистов, а если нужно, загляните в интернет, чтобы найти какую-либо информацию о нужном вам игроке. Если никто не знает этого человека, выясните это сами во время разминки. Выполните удары справа и слева. После этого чередуйте высоту и закручивание мяча. В конечном итоге вы сможете найти то, что они делают хуже в сравнении с общей их игрой.

Например, если у вас слабый удар слева, научиться оббегать его и отбивать справа. Другим примером может быть то, если ваша слабая сторона заключается в плохой физической подготовке и вам совсем не на руку длинные разыгрывания мяча. В таком случае лучше атаковать у сетки или стараться придерживаться коротких поинтов. Таким образом, вы скрываете ваши слабые стороны и пользуетесь чужими.

ЗАДАНИЕ

Попросите вашего партнера по тренировкам давить на ваши слабые стороны, используя их выигрышную тактику. Сначала вам будет не по себе, но это поможет вам преодолеть похожие ситуации во время матча. Затем поменяйтесь ролями с вашим оппонентом. С помощью этого вы станете лучше понимать насколько хорошими являются ваши выигрышные удары и сколько вам еще необходимо работать. Иными словами, вы учитесь играть в обороне и наступлении.

38. "Тот, кто забивает последним, выигрывает"

Существует много философских мыслей относительно того, как нужно играть в теннис. Самый простой из них звучит так: "тот, кто забивает последним, выигрывает". Когда мяч падает у сетки или вне отдельных линий, вы теряете очко. А когда вы удерживаете мяч, вы выигрываете. Это может показаться очень элементарным, но некоторые из самых трудновыполнимых вещей зачастую оказываются совсем простыми.

ЗАДАНИЕ

Чтобы данное правило работало, практикуйте постоянство. Попробуйте без перебоев забить 10 мячей через сетку. Когда вы сможете забивать 10, начните стремиться к 20. Решите, что будет вашей целью и стремитесь к ней. Например, моя цель в этом месяце забить таким образом 100 мячей на тренировках с моим партнером. Когда это достигнуто, вы можете начать конкретизировать свою цель относительно местоположения, высоты и спина, с которым вы ударяете. Подробнее об этом в правиле # 24.

39. "Оставайтесь верным самому себе"

В решающих матчах у нас у всех появляется желание крикнуть «аут», когда мяч ударяется вблизи линии. Среди теннисистов даже ходит фраза «есть сомнения, кричи «аут». Это, конечно, не этично и неправильно. Не позволяйте минутному давлению сделать из вас несправедливого игрока. Если вы не до конца уверенны, повторите поинт. Это именно то, что нужно сделать в данном случае. Вы не потеряете много времени и избежите пылких дискуссий. Оставайтесь верным самому себе – если видите, что мяч ушел, кричите «аут». Вы почувствуете себя лучше, а другие будут вас уважать.

ЗАДАНИЕ

Посмотрите матч в прямом эфире и постарайтесь не выкрикивая, а про себя, определить «аут» или его отсутствие. Таким образом, вы натренируетесь определять положение мяча, даже когда вы не играете. По прошествии времени вы преуспеете в этом навыке.

40. "Первый удар, дважды удар"

Когда бы вы не начинали в атаке, вы всегда будете в преимуществе и у вас будет намного больше шансов завершить поинт. Другими словами, начиная в атаке, вы сможете продолжать в том же духе всю игру. Не ждите, что что-то будет решаться само собой, а старайтесь сделать всё возможное, чтобы показать, кто владеет ситуацией. Научитесь проявлять инициативу, а не спонтанно реагировать. В первом случае вы знаете, как реагировать на ожидаемую трудность. Во втором случае вы реагируете на раздражитель. Реакция на происходящее на корте во время игры – нормальная реакция в теннисе. Когда вы научитесь проявлять инициативу, ваши шансы на победу повысятся в разы. Владейте ситуацией – тот, кто бьёт первым, бьёт дважды.

41. "Симулируйте, чтобы выиграть"

Многие считают, что у них нет уверенности или смелости, чтобы выиграть матч в напряженных ситуациях. Так почему бы не стать актером на теннисном корте и сыграть роль уверенного или бесстрашного теннисиста?! Симулируйте и вы будете выигрывать чаще, чем вы думаете. Выберите нужный вам образ и воплощайте его в жизнь на корте и за его пределами. Сначала вы почувствуете себя несколько неловко, но с течением времени привыкнете к нему. Некоторые теннисисты не понимают важность создаваемого образа во время игры.

Примером этого может быть ситуация, когда вы только что сыграли длительный первый сет и очень устали. Ваш оппонент также выглядит уставшим, а вы решаете вести себя, как будто у вас прилив сил и вы на позитиве. Заставьте их думать, что вы сможете продержаться в том же духе еще последующие два сета; такое поведение может деморализовать любого. Стоит им только разок посмотреть на вас и понять, что у них нет никаких шансов (несмотря на то, что вы оба измотаны). Ваш оппонент решает, что ему даже не стоит стараться победить того, кто ничуть не устает. Как вам такой расклад дел?! Такое случается не всегда, но симуляция определенно повысит ваши шансы на выигрыш. Каждый актер сильно старается отполировать свой образ, так как они понимают, что от этого зависит их успех. И возможно вам не дадут "Оскара" за ваше выступление, но вы определенно станете выигрывать больше матчей.

42. "Крушите стены"

Каждый теннисист защищает так называемый свой замок. Стены этого замка служат для того, чтобы никто к нему не прорвался, но если их сломать, то и для замка остается очень мало надежды. У некоторых игроков стены замка – это их подачи и форхэнды. У других – скорость и терпение. Когда вам удается сломать стены замка, то вам открываются ворота для более слабых ударов. Учитесь «крушить стены» и вы выиграете множество матчей.

ЗАДАНИЕ

Ваш партнер по тренировкам играет в нападении, а вы в защите. Другими словами, ваш партнер будет нападать и стараться завершить поинт, а вы будете стараться удержать мяч в игре, ожидая пока ваш партнер сделает ошибку. После того как вы привыкнете играть в ваших позициях, поменяйтесь. Теперь вы будете атаковать, а ваш партнер играть в защите. Таким образом, вы научитесь «крушить стены» и продвигаться на более уязвимую позицию.

Помните, что вы работаете в сторону разоружения вашего оппонента, в какой бы позиции вы не играли.

43. "Учитесь на каждом матче"

Ошибки оправданы, когда на них учатся и когда их исправляют. Не заводите привычку совершать не вынужденные ошибки, а потом еще и не учиться на них, так как это навредит вам в решающих ситуациях в матче. Самый лучший способ рассматривать не вынужденные ошибки как процесс обучения, который требует времени и преданности. Продолжайте работать над ошибками и корректировать их и вы увидите как усовершенствуется ваш уровень в теннисе. Каждый матч говорит нам о чем-то, это своего рода момент пробуждения. Мы должны открыть наши глаза и увидеть то, что мы должны увидеть. Храните журнал всех ваших новоприобретенных знаний так, чтобы вы могли расти в профессиональном плане. Воспользуйтесь образцом "журнала после матча":

Журнал после матча

ДАТА:

ОППОНЕНТ:

ТУРНИР:

ОЦЕНИТЕ СЕБЯ ПО ШКАЛЕ ОТ 1-10:

(ГДЕ, 10 – ВАШЕ ЛУЧШЕЕ ВЫСТУПЛЕНИЕ)

ЧТО Я СДЕЛАЛ ПРАВИЛЬНО ВО ВРЕМЯ МАТЧА

ЧТО Я СДЕЛАЛ НЕ ПРАВИЛЬНО ВО ВРЕМЯ МАТЧА

ЧЕМУ Я НАУЧИЛСЯ

ЧТО Я СДЕЛАЮ, ЧТОБЫ ПРИМЕНИТЬ ПОЛУЧЕННЫЕ ЗНАНИЯ

Часто мы не учимся на наших ошибках, только потому, что нам о них не напоминают. Напоминайте себе обо всех мелочах, над которыми вам нужно работать, чтобы продолжать совершенствоваться и достигать своих целей. Просматривайте ваш "журнал после матча" хотя бы раз в неделю.

44. "Приобретайте знания"

Теннисный мяч + Ракетка + Знание = *Успех*

Не будьте слишком гордыми и просите о помощи. Многие инструкторы по теннису будут рады помочь вам, если вы к ним обратитесь. Учтите, что многие являются более сведущими в одних областях, нежели чем в других. Знайте, что вы хотите усовершенствовать и ищите помощи именно в этом. Вы сэкономите больше времени, учась не на своих, а на чужих ошибках. Информация на различные темы о теннисе доступна в книгах о теннисе, журналах, видео и интернете.

Чем больше вы знаете, тем более креативным вы можете быть в вашей игре. Вы сможете намного лучше принимать решения, когда вы располагаете большей информацией.

45. "Знайте правила"

Очень полезно знать правила тенниса. Некоторые люди не понимают, сколько пользы можно получить, располагая знаниями о:

Размерах корта

Одиночной игре

Парной игре

Смешанной парной игре

Ракетках

Мячах

Повторе первой подачи

Очередности подачи

Тренерстве

Теннис на инвалидных колясках

ЗНАЛИ ЛИ ВЫ?

Знали ли вы, что сеть ниже к центру корта? А знали ли вы, что когда вы бьете кроссы, вы выполняете заведомо выигрышные удары из-за расстояния? Как вы сами видите, знание правил тенниса может быть очень полезным, когда вы хотите играть более эффективно.

ЗАДАНИЕ

Попросите книгу правил тенниса, которой руководствуется ваш партнер по тренировкам. Возможно, вы сможете почерпнуть что-то новое и интересное для себя в ней. Обратите внимание на количество затраченного времени между поинтами, геймами, сетами и матчами. Затем примените эти знания в целях своей выгоды. Практикуйте правильно распределять время между поинтами и перерывами так, чтобы вы привыкали к коротким периодам времени, которое у вас может быть во время соревнования. Также учитесь уделять не более 30 секунд на отдых, играя поинты. Работайте над физической подготовкой. Это поможет вам поддерживать нужный ритм во время матча.

46. "Выстройте вашу шахматную доску"

Теннис как шахматная доска; вам нужно всё расставить по местам. Когда вы правильно подбираете позицию и время, то выполняете идеальные удары. Всё не происходит само по себе, вы должны задавать ход событиям. Будьте готовы импровизировать.

ЗАДАНИЕ

Для начала, поработайте над основными ударами. Когда вы закончите работу над ними, используйте разные удары в разных ситуациях. Это поможет вам выстроить план игры для каждого отдельного матча

Тренировка #1

Меняйте позиции ударов – от топспина до бэкспина (резаного удара) вашей правой рукой. Постарайтесь не повторять один и тот же спин дважды. Повторяться в схеме ударов может только ваш партнер. Всё, что вы можете выполнить ударом справа, повторяйте ударом слева. Вы меняете кручёные удары, а ваш партнер продолжает ударять одними и теми же ударами. После этого, поменяйтесь с вашим партнером.

Тренировка #2

Один игрок выполняет кроссы, а другой наносит удар по линии. Схема таких ударов выглядит как цифра восемь (8). Когда вы закончите с отработкой этих упражнений, поменяйтесь с вашим партнером.

47. "Найдите схему"

Многие игроки учатся играть в теннис довольно-таки предсказуемым способом. Они ударяют мячом по одному и тому же месту. Они также научены выполнять одно и то же в определенных поинтах, как, например, в матч поинте или сет поинте. Если вы вычислите их схему, то вы с легкостью сможете предугадывать их дальнейшие действия. Когда вы рассекретите их поведение, вас ничто больше не сможет удивить и застать врасплох. Игра вашего оппонента будет уязвимой, как только вы будете знать, куда летит мяч и что вы сделаете для того, чтобы воспользоваться ситуацией.

Вам не нужно быть великим ученым, чтобы научиться распознавать схемы игры. Смотрите теннисные матчи поблизости с вашим домом или на телевидении. Постарайтесь распознавать различные схемы в каждом поинте, гейме, сете или даже во всём матче.

48. "Шахматный король в залог"

В шахматах часто можно попасть в ситуацию, когда необходимо использовать слабейшие фигуры для того, чтобы выиграть. Часто такое случается и в теннисе. Очень трудно играть на высшем уровне каждый день. Время от времени вы показываете не самую лучшую игру и это именно тот момент, когда необходимо разбудить в себе чемпиона. Выигрывать, играя не на полную мощь, может быть довольно-таки сложной задачей, но это как раз то, что будет отличать вас от других. Одерживайте победы в свои лучшие и худшие времена.

ЗАДАНИЕ

С вашим партнером по тренировкам сыграйте матч, где оппонент атакует ваши слабые стороны своими лучшими ударами. Играйте не более 45 минут, а затем поменяйтесь. После того как вы сыграли 2 сета, попрактикуйтесь играть поинты, нанося удар как вам захочется и посмотрите насколько комфортно вы себя будете чувствовать, играя выигрышными ударами вашей слабой стороной.

Сыграйте матч с кем-то помимо вашего партнера по тренировкам. Сравните вашу игру с последним матчем, где ваша слабая сторона была причиной вашего поражения. Вы заметите, насколько вы приобрели уверенности в отношении вашей слабой стороны. Это поможет вам выигрывать сложнейшие матчи, даже когда вы играете не на полную мощь. Существуют и другие техники, которые могут быть использованы при разных обстоятельствах, но это послужит вам хорошим началом.

49. "Постройте основу"

В жизни у нас обычно имеются различные планы для одних и тех же целей. У нас есть план А, а если он не срабатывает, то у нас в запасе есть план Б. А если и план Б не подходит, тогда остается план В. Это так называемое построение стратегической основы. В теннисе вам, возможно, нужно будет менять план игры много раз за один матч. Очень важно иметь определенную стратегию, которая лучшим способом подходит для игры с определенным оппонентом. Выстройте основу и после того как вы это сделаете, подумайте об альтернативных стратегиях, которые могут быть использованы в случае, если ничто другое не срабатывает.

Очевидно, что у вас будет план А, который будет являться вашей лучшей стратегией и с которым вы будете чувствовать себя наиболее комфортно. А теперь самое время решить, что будет являться вашим планом Б. Если ваш план А основан на обыгрывании оппонента на задней линии, то планом Б может быть атака у сетки. Таким образом, вы ускорите ритм игры. И, наконец, план В может заключаться в том, чтобы удерживать мяч игре и ждать пока ваш оппонент не начнет делать ошибки. Это замедлит ритм игры.

Если что-то не идет так как надо, переходите от плана А к плану Б. Если план Б не является решением, попробуйте план В. Всегда имейте в запасе как минимум три стратегии, на которые вы сможете опереться, но сначала выстройте основу. Ваша основа – это то, с чем вы начинаете каждый матч. Как правило, такой основой является основа, которая приносила вам лучшие результаты в прошлом и с которой вам наиболее комфортно.

50. "Не иссушите колодец"

Самым логическим способом выиграть является использование «оружия». Однако, когда вы используете «оружие» чересчур часто, ваш оппонент привыкает к этому и это несет в себе угрозу для вас. Хорошо, когда вы держите оппонента в неведении и заставляете их предугадывать. Используйте свое «оружие» как можно чаще, но смешивайте его с другими ударами, чтобы запутать противника. Не позволяйте оппоненту видеть, что вы работаете по одному и тому же сценарию. Не иссушите колодец, используйте элемент неожиданности.

ЗАДАНИЕ

Хорошим способом научиться и улучшить технику смешивания ваших ударов – уделять этому внимание во время тренировок. Играйте поинты с вашим партнером с установкой, что вам нельзя повторять удар дважды. Сначала играйте без подач, просто начните поинт с подкидывания. Примером такой практики может быть:

Удар справа:

топспином

резанным ударом

плоской подачей

Глубоко в корт с помощью топспина

Не далеко в корт с помощью топспина

Глубоко в корт с помощью резанного удара

Не далеко в корт с помощью резанного удара

Удар слева:

топспином

резанным ударом

плоской подачей

Глубоко в корт с помощью топспина

Не далеко в корт с помощью топспина

Глубоко в корт с помощью резанного удара

Не далеко в корт с помощью резанного удара

Примечание: Удары могут повторяться, если они чередуются друг с другом. Вы можете упростить процесс по вашему желанию. Когда вы наберетесь опыта, то сможете добавлять сколько угодно различных ударов. Лучше всего начать смешивать два или три различных удара и постепенно увеличивать их количество.

51. "Всё дело в голове"

Теннис начинается как физическая игра, но затем больше переходит на умственный уровень. Всё, что не подвластно нашему телу, выполнимо нашим разумом. Просто невозможно понять силу ума. Эмоции и мысли играют чрезвычайно важную роль, когда мы нервничаем или чувствуем себя некомфортно во время игры. Наше тело делает то, что вызывает у нас много вопросов после: "Почему я просто не поднял руку чуть выше и не отбил мяч через сетку?" Нам необходимо запомнить то, что наш разум управляет нашим телом, а тело попросту делает то, что наш разум ему сообщил. Работайте над тем, чтобы контролировать свои эмоции. Они могут стать великими союзниками в случае необходимости. Концентрация является ключевым моментом в матче. Она является отличным навыком, который можно приобрести с практикой. Несмотря на то, что данный навык трудно освоить, он является очень ценным.

52. "Подарки только на день рождения"

Многие из нас хорошо знают, как важно не сдаваться в отдельных поинтах, особенно если матч находится на грани развязки. Часто мы раздаем подарки, даже если это может причинить нам вред в дальнейшем. Сведите такие подарочки или невынужденные ошибки к минимуму во время игры. Помните, раздавать подарки нужно только в день рождения.

ПРИМЕНЕНИЕ

Отличным способом уменьшить количество подарков будет улучшить вашу последовательность. В следующий раз, когда вы заступите на теннисный корт после разогрева, попытайтесь удержать мяч в игре с вашим партнером по тренировкам как можно дольше. Вам нужно приучить себя уметь удерживать мяч в игре с самого первого поинта. Когда вы практикуете это, посчитайте, сколько раз вы получаете мяч, не пропуская. Когда вы пропустили первый мяч после того как удерживали его в игре какое-то время, выберете определенную позицию и удар, который вы хотите выполнить и повторите упражнение. Например: Выполняйте кроссы ударами справа с топспином; старайтесь держать мяч в игре так долго, насколько это возможно, не пропуская, а затем запишите количество полученных мячей. Сделайте это для каждой стороны (удар справа и удар слева) и сравните результат со следующим днем тренировки. Вы должны, по крайней мере, сделать это со следующими ударами: кроссы ударами справа, кроссы ударами слева, удар справа и удар слева по линии и удар слева и удар справа по линии.

53. "Львиное сердце"

Теннисные матчи и турниры можно выигрывать разными способами. Некоторые выигрываются благодаря выдающимся умениям. Другие благодаря лучшей физической подготовке, чем у соперника. Способ, который описывается в данном правиле, возможно, является наиболее важным, но ему уделяется меньше всего внимания - СЕРЦЕ. У него есть возможность подвести уровень тенниса на хорошую десяточку. Благодаря ему вас могут бояться соперники. Но самое главное это то, что оно сможет приносить вам победы.

54. "Выберите ваше оружие"

Когда вы начинаете совершенствовать ваш уровень тенниса, вы чувствуете, что способны больше контролировать ситуацию. Этот контроль – это начало вашей специализации. Каждый может делать что-то лучше, чем другие и это позволяет контролировать поинт через одно из следующих составляющих: мощность, размещение, спин и последовательность. Это и есть ваше "оружие". Чем больше вы совершенствуете ваше оружие, тем опаснее вы становитесь. Некоторые игроки выполняют непредсказуемые подачи. У других мощные удары справа или удары слева. Многие выигрывают благодаря своей скорости и атлетизму. Найдите свое оружие и повышайте его потенциал, создавая другое оружие. Таким образом, вы будете иметь два оружия, и представлять двойную угрозу для других.

55. "Совершенствование через подражание"

Некоторые величайшие художники всех времен начинали, подражая своим любимым художникам, а затем уже создавали свой собственный стиль и форму искусства. Создание собственного стиля игры также является замечательной вещью, но это может занять некоторое время. Теннисную игру также можно имитировать, а затем усовершенствовать. Поищите конкретного профессионального теннисиста, чьему стилю игры вы хотите подрожать. А затем читайте о нем, смотрите матчи на телевидении, а также попробуйте имитировать их каждую деталь до тех пор, пока вы не отточите желаемый стиль игры. Когда вы это сделаете, персонализируйте свой стиль, пока вы не почувствуете себя комфортно. Помните, что не нужно становиться точной копией другого теннисиста, а нужно взять всё лучшее и преобразовать во что-то своё.

56. "Четырёхлистник"

Четырёхлистники и другие формы талисманов приносят удачу. Важна ли удача в теннисе? Да. А почему? Да потому, что существует вещи, которые находятся вне нашего контроля независимо от того, что мы делаем. Можем ли мы всецело полагаться на удачу в матче? Нет. Мы должны повысить наши шансы, совершая правильные поступки, такие как: правильно готовиться к матчу, анализировать оппонентов, использовать адекватные стратегии, быть позитивным и сконцентрированным. Это лишь некоторые из них, но для начала можно воспользоваться и ими. Удача приходит к тем, кто её ищет. Не ждите заветного момента или определенного матча, чтобы показать свой потенциал полностью. Показывайте его прямо сейчас. Начните с самого первого поинта и продолжайте в том же духе до конца матча. По итогам вы будете знать, которые из матчей или поинтов были результатом удачи.

ЗАДАНИЕ:

Сами выстраивайте свою удачу и наблюдайте за результатами. Лучшим способом это сделать будет через постановку целей. Ставьте перед собой цели, которые можно измерить. Благодаря этому вы сможете видеть ваши усовершенствования, а также решить какие изменения вам нужно сделать для достижения целей. После того, как вы определились со своими целями, решите, как вы их достигнете, и запишите их. Затем ставьте перед собой каждодневные цели, чтобы достичь ваших основных целей.

Запишите ваши ежедневные цели на стикере и носите его с собой, куда бы вы ни направлялись. Каждый раз, когда вы намереваетесь что-то делать, спросите себя: "Становлюсь ли я ближе к своей цели?" Если ответ «нет», то прекратите это делать. Если ответ «да», то вы на пути к успеху.

Вот простой пример:

Вашей целью может быть: "Усовершенствуйте первую подачу на 20%."

А теперь решите, что вам нужно делать, чтобы воплотить цель в жизнь:

Попросите эксперта посмотреть на ваши подачи.

Попрактикуйте "X"число подач в неделю.

Предайте больше вращения мячу.

Усовершенствуйте ускорения.

Увеличьте силу ног.

Используйте мишени в ваших тренировках (конусы, мячи и т.д)

А теперь превратите эти идеи в ежедневные цели, запишите на видном месте и заглядывайте туда несколько раз в день.

57. "Юмор для храбрых"

Когда матч проходит не так как вам бы хотелось, вы можете поддаваться негативному влиянию, становиться раздражительным и небрежным. Как некоторые игроки используют эти моменты, чтобы стать сильнее? Большинство нерадивых ошибок вы совершаете в важные моменты из-за ощущаемого давления. Отличный способ избавиться от этого давления - через юмор. Всякий раз, когда вы совершаете глупую ошибку, смейтесь над ней. Вы не можете себе представить, насколько легче вы будете себя чувствовать, и как это может положительно повлиять на вашу игру. Когда вы находитесь в хорошем настроении, как правило, многое идет так, как вам бы хотелось. Конечно, вы все еще хотите выиграть и все еще чувствуете давление, но если вы улыбаетесь или смеетесь над этими ошибками, вы будете вне конкуренции. Когда вы смеетесь над ошибками, вы не сдаетесь до самого конца, а все это чувствуют. Не ищите легких путей, бросая ракетку. Вы будете наслаждаться теннисом намного больше, если вы будете смеяться над плохими моментами и продолжать стремиться к хорошим.

58. "Идите туда, где весело"

Если вы чувствуете, что тренировки с вашим партнером уже не на том уровне, которого вам бы хотелось, найдите альтернативу. Если вы не улучшаете свой уровень игры до желаемого уровня или просто хотите тренироваться гораздо чаще, то делайте нужные перемены сами. Другими словами, тренируйтесь с теми, с кем вы хотите и там, где вы хотите. Если вы продолжаете делать одно и то же, то вы получите те же результаты. Всё зависит от вас самих. Как вы видите свой теннис? Идите по тому пути, который приведет вас к желаемому.

59. "Маленькие шаги для великана"

Настоящие чемпионы знают, что для того, чтобы стать по-настоящему великим, требуется время. Всё начинается с нескольких шагов и продолжается такими же маленькими шажками, а не прыжками. Когда вы не торопитесь, многое из того, что вы делаете может показаться бесполезным. Сначала вы учитесь вести 10 км/ч, затем вы едете немного быстрее, скажем, 25 км/ч. Потом вы можете ускоряться до 50 км/ч и, наконец, достигаете 100 км/ч. То же самое работает и в теннисе. Не расстраивайтесь, если ваши успехи не приходят быстро, главное, что они есть. Эти маленькие улучшения являются семенами для дальнейшего роста. Хотите стать великаном игры в теннис? Тогда идите маленькими шажками к успеху.

60. "Вторая подача: пусть хорошо вам подаст"

Вторая подача может сделать из вас игрока в теннис или, наоборот, сломить его. Хорошая вторая подача принесет вам легкие поинты или как минимум поставит вас в выигрышную позицию в начале поинта. Плохая вторая подача может часто привести к двойной ошибке и позволит вашему оппоненту контролировать поинт с самого начала. Практикуйте эти полезные правила, чтобы повысить ваши шансы на хорошую вторую подачу.

ГЛАВА 6: ТРЕНИРОВОЧНЫЕ УПРАЖНЕНИЯ С ПОДАВАЕМЫМИ МЯЧАМИ

Кросс ударом справа над веревкой

В этом упражнении вам будет нужно выполнить кросс ударом справа над веревкой закрученным или плоским мячом, который вам подается с другой стороны сетки. Удостоверьтесь, что вы работаете над глубиной и контролем.

Кросс ударом слева над веревкой

В этом упражнении вам будет нужно выполнить кросс ударом слева над веревкой закрученным или плоским мячом, который вам подается с другой стороны сетки. Удостоверьтесь, что вы работаете над глубиной и контролем.

Удар по линии справа над верёвкой

Для этого упражнения вам необходимо выполнить крученый удар над верёвкой правой рукой по линии так, чтобы мяч приземлился глубоко на корте. Удостоверьтесь, что вы выполняете всё до конца, а также работайте ногами для генерации крученого удара. Это может быть замечательным ударом, если у вашего соперника слабая левая рука или если он испытывает трудности с высокими или средними по высоте мячами. Плоские удары разрешаются, но данное упражнение наиболее эффективно с крученым ударом.

Удар по линии слева над веревкой

Для этого упражнения вам необходимо выполнить крученый удар над веревкой левой рукой по линии так, чтобы мяч приземлился глубоко на корте. Удостоверьтесь, что вы выполняете всё до конца, а также работайте ногами для генерации крученого удара. Это может быть замечательным ударом, если ваш оппонент атакует вашу левую сторону и вам необходим удар, который наверняка заставит побегать вашего оппонента. Плоские удары разрешаются, но данное упражнение наиболее эффективно с крученым ударом.

Кросс над верёвкой, чередуя удар справа и удар слева

Для этого упражнения вам необходимо выполнить крученый кросс над верёвкой правой рукой, а следующий удар должен быть кросс левой рукой. Продолжайте выполнять этот удар до конца упражнения. Работайте над тем, чтобы мяч находился глубоко на корте. Удостоверьтесь, что вы выполняете всё до конца, а также работайте ногами для генерации крученого удара. Это может быть замечательным ударом, если ваш оппонент не сильно хорошо двигается. Плоские удары разрешаются, но данное упражнение наиболее эффективно с крученым ударом.

Кросс над веревкой по линии, чередуя удар справа и удар слева

Для этого упражнения вам необходимо выполнить крученый удар по линии над веревкой вашей правой рукой, а следующим ударом должен быть удар по линии левой рукой. Продолжайте выполнять этот удар до конца упражнения. Удостоверьтесь, что вы выполняете всё до конца, а также работайте ногами для генерации крученого удара. Это может быть замечательным ударом, если ваш оппонент не сильно хорошо двигается. Плоские удары разрешаются, но данное упражнение наиболее эффективно с крученым ударом.

Кросс под веревкой ударом справа

Для этого упражнения вам необходимо выполнить крученый или плоский кросс под веревкой ударом справа так, чтобы мяч приземлился глубоко на корте. Удостоверьтесь, что вы выполняете всё до конца, а также работайте ногами для генерации крученого удара. Это может быть замечательным ударом, если у вашего оппонента удар справа слабее, чем у вас. Плоские удары разрешаются, но данное упражнение наиболее эффективно с крученым ударом.

Кросс под веревкой ударом слева

Для этого упражнения вам необходимо выполнить крученый или плоский кросс под веревкой ударом слева так, чтобы мяч приземлился глубоко на корте. Удостоверьтесь, что вы выполняете всё до конца, а также работайте ногами для генерации крученого удара. Это может быть замечательным ударом, если у вашего оппонента удар слева слабее, чем у вас. Плоские удары разрешаются, но данное упражнение наиболее эффективно с крученым ударом.

Удар по линии под веревкой справа

Для этого упражнения вам необходимо выполнить крученый или плоский удар по линии под веревкой справа так, чтобы мяч приземлился глубоко на корте. Удостоверьтесь, что вы выполняете всё до конца, а также работайте ногами для генерации крученого удара. Это может быть замечательным ударом, если у вашего оппонента слабый удар слева. Плоские удары разрешаются, но данное упражнение наиболее эффективно с крученым ударом.

Удар по линии под веревкой слева

Для этого упражнения вам необходимо выполнить крученый или плоский удар по линии под веревкой слева так, чтобы мяч приземлился глубоко на корте. Удостоверьтесь, что вы выполняете всё до конца, а также работайте ногами для генерации крученого удара. Это может быть замечательным ударом, если у вашего оппонента слабый удар справа. Плоские удары разрешаются, но данное упражнение наиболее эффективно с крученым ударом.

Кросс под веревкой, чередуя удар справа и удар слева

Для этого упражнения вам необходимо выполнить крученый кросс под веревкой ударом справа, а следующий удар должен быть кросс ударом слева. Продолжайте выполнять этот удар до конца тренировочного упражнения. Работайте над тем, чтобы мяч находился глубоко на корте. Удостоверьтесь, что вы выполняете всё до конца, а также работайте ногами для генерации крученого удара. Это может быть замечательным ударом, если ваш оппонент не сильно хорошо двигается. Плоские удары разрешаются, но данное упражнение наиболее эффективно с крученым ударом.

Удар по линии под веревкой, чередуя удар справа и удар слева

Для этого упражнения вам необходимо выполнить крученый удар по линии справа, а следующий удар должен быть кросс удар по линии слева. Продолжайте выполнять этот удар до конца тренировочного упражнения. Работайте над тем, чтобы мяч находился глубоко на корте.
Удостоверьтесь, что вы выполняете всё до конца, а также работайте ногами для генерации крученого удара. Это может быть замечательным ударом, если

ваш оппонент не сильно хорошо двигается. Плоские удары разрешаются, но данное упражнение наиболее эффективно с крученым ударом.

ГЛАВА 7: УПРАЖНЕНИЯ С «ЖИВЫМ» МЯЧОМ

НАД ВЕРЕВКОЙ

Обмен ударами над веревкой до 20 мячей крученым ударом справа на кросс справа (последовательность)

Для этого упражнения вам необходимо выполнить крученый или плоский кросс справа над веревкой так, чтобы мяч приземлился глубоко на корте. Ваш партнер или тренер должен отразить удар кроссом справа. Ваша цель – отбить как минимум 20 мячей туда обратно без промахов. В случае промаха, счет мячей необходимо начать заново. Продолжайте до тех пор, пока по данной схеме вы не дойдете до 20. Плоские удары разрешены, но наиболее эффективными для данного упражнения будут крученые удары.

114 стратегий игры в теннис, психологические тактики и тренировочные упражнения

Обмен ударами над веревкой до 20 мячей крученым ударом слева на кросс слева (последовательность)

Для этого упражнения вам необходимо выполнить крученый или плоский кросс слева над веревкой так, чтобы мяч приземлился глубоко на корте. Ваш партнер или тренер должен отразить удар кроссом слева. Ваша цель – отбить как минимум 20 мячей туда обратно без промахов. В случае промаха, счет мячей необходимо начать заново. Продолжайте до тех пор, пока по данной схеме вы не дойдете до 20. Плоские удары разрешены, но наиболее эффективными для данного упражнения будут крученые удары.

Обмен ударами над веревкой до 20 мячей крученым ударом справа на удар по линии слева (последовательность)

Для этого упражнения вам необходимо выполнить крученый или плоский удар по линии справа над веревкой так, чтобы мяч приземлился глубоко на корте. Ваш партнер или тренер должен отразить ударом по линии слева. Ваша цель – отбить как минимум 20 мячей туда обратно без промахов. В случае промаха, счет мячей необходимо начать заново. Продолжайте до тех пор, пока по данной схеме вы не дойдете до 20. Плоские удары разрешены, но наиболее эффективными для данного упражнения будут крученые удары.

Обмен ударами над веревкой до 20 мячей крученым ударом слева на удар по линии справа (последовательность)

Для этого упражнения вам необходимо выполнить крученый или плоский удар по линии слева над веревкой так, чтобы мяч приземлился глубоко на корте. Ваш партнер или тренер должен отразить ударом по линии справа. Ваша цель – отбить как минимум 20 мячей туда обратно без промахов. В случае промаха, счет мячей необходимо начать заново. Продолжайте до тех пор, пока по данной схеме вы не дойдете до 20. Плоские удары разрешены, но наиболее эффективными для данного упражнения будут крученые удары.

Обмен ударами до 20 мячей над веревкой, где один игрок выполняет только кроссы, а другой только удары по линии (последовательность в виде фигуры 8)

Для этого упражнения вам необходимо выполнить крученый или плоский кросс справа над веревкой так, чтобы мяч приземлился глубоко на корте. Ваш партнер по тренировкам или тренер должен отразить ударом по линии к вашей левой стороне. Затем вы отражаете кроссом к левой стороне оппонента, а он в свою очередь выполняет удар по линии слева к вашей правой стороне. Продолжайте такую последовательность. Ваша цель – отбить как минимум 20 мячей туда обратно без промахов. Каждый мяч идет за одно очко. Каждый мяч идет за одно очко. Если вы промахнетесь, то счет необходимо будет начать сначала. Продолжайте, пока вы не отобьете 20 мячей по этой схеме. Плоские удары разрешены, но наиболее эффективными для данного упражнения будут крученые удары.

Обмен ударами до 20 мячей над веревкой, где один игрок выполняет только удары по линии, а другой только кроссы (последовательность в виде фигуры 8)

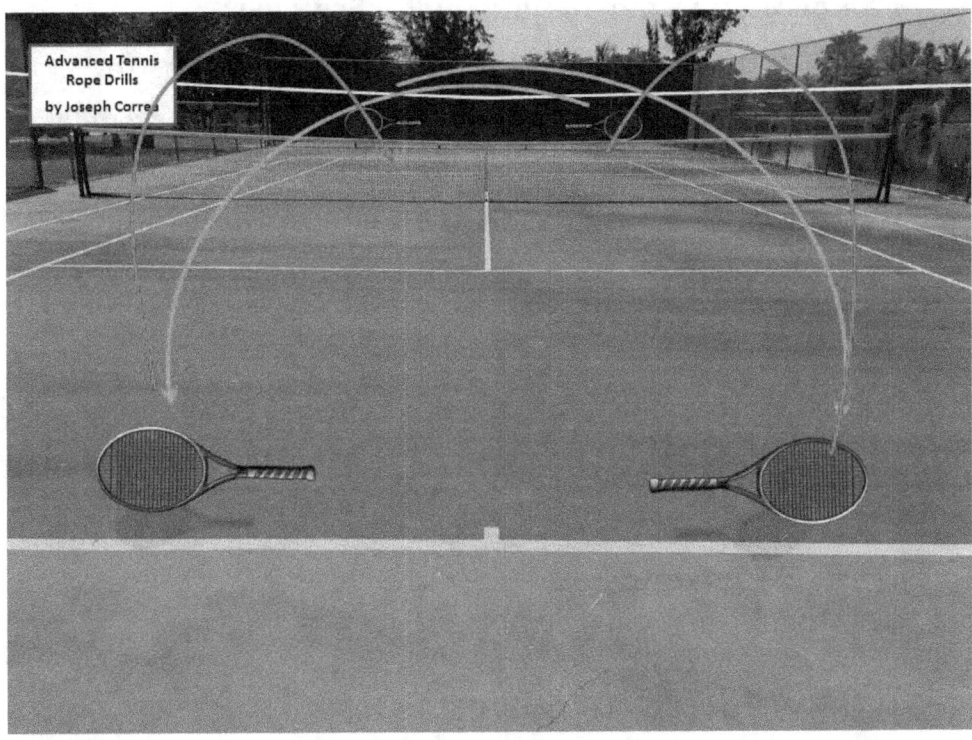

Для этого упражнения вам необходимо выполнить крученый или плоский удар по линии справа над веревкой так, чтобы мяч приземлился глубоко на корте. Ваш партнер по тренировкам или тренер должен отразить кроссом к вашей левой стороне. После этого вы отражаете ударом по линии на их левую сторону, а партнер по тренировкам выполняет кросс на вашу правую сторону. Продолжайте такую последовательность. Ваша цель – отбить как минимум 20 мячей туда обратно без промахов. Каждый мяч идет за одно очко. Если вы промахнетесь, то счет необходимо будет начать сначала. Продолжайте, пока вы не отобьете 20 мячей по этой схеме. Плоские удары разрешены, но наиболее эффективными для данного упражнения будут крученые удары.

ПОД ВЕРЕВКОЙ

Обмен ударами до 20 мячей под веревкой кроссом справа на правую сторону

Для этого упражнения вам необходимо выполнить крученый или плоский кросс справа под веревкой так, чтобы мяч приземлился глубоко на корте. Ваш партнер по тренировкам или тренер должен отразить удар кроссом справа. Ваша цель – отбить как минимум 20 мячей туда обратно без промахов. В случае промаха, счет мячей необходимо начать заново. Продолжайте до тех пор, пока по данной схеме вы не дойдете до 20. Плоские удары разрешены, но наиболее эффективными для данного упражнения будут крученые удары.

Обмен ударами до 20 мячей под веревкой кроссом слева на левую сторону

Для этого упражнения вам необходимо выполнить крученый или плоский кросс слева под веревкой так, чтобы мяч приземлился глубоко на корте. Ваш партнер по тренировкам или тренер должен отразить удар кроссом слева. Ваша цель – отбить как минимум 20 мячей туда обратно без промахов. В случае промаха, счет мячей необходимо начать заново. Продолжайте до тех пор, пока по данной схеме вы не дойдете до 20. Плоские удары разрешены, но наиболее эффективными для данного упражнения будут крученые удары.

Обмен ударами до 20 мячей под веревкой ударом по линии справа на левую сторону

Для этого упражнения вам необходимо выполнить крученый или плоский удар по линии справа под веревкой, так чтобы мяч приземлился глубоко на корте. Ваш партнер по тренировкам или тренер должен отразить ударом по линии слева. Ваша цель – отбить как минимум 20 мячей туда обратно без промахов. В случае промаха, счет мячей необходимо начать заново. Продолжайте до тех пор, пока по данной схеме вы не дойдете до 20. Плоские удары разрешены, но наиболее эффективными для данного упражнения будут крученые удары.

Обмен ударами до 20 мячей над веревкой ударом по линии слева на правую сторону

Для этого упражнения вам необходимо выполнить крученый или плоский удар по линии слева под веревкой, так чтобы мяч приземлился глубоко на корте. Ваш партнер по тренировкам или тренер должен отразить ударом по линии справа. Ваша цель – отбить как минимум 20 мячей туда обратно без промахов. В случае промаха, счет мячей необходимо начать заново. Продолжайте до тех пор, пока по данной схеме вы не дойдете до 20. Плоские удары разрешены, но наиболее эффективными для данного упражнения будут кручёные удары.

Обмен ударами до 20 мячей под веревкой резаными кроссами слева

Для этого упражнения вам необходимо выполнить резаный кросс слева под веревкой и ваш партнер по тренировкам или тренер должен отразить резаным кроссом. Ваша цель – отбить как минимум 20 мячей туда обратно без промахов. В случае промаха, счет мячей необходимо начать заново. Продолжайте до тех пор, пока по данной схеме вы не дойдете до 20.

Обмен ударами до 20 мячей под веревкой, где один игрок выполняет только кроссы, а другой только удары по линии в виде фигуры 8

Для этого упражнения вам необходимо выполнить крученый или плоский кросс справа под веревкой. Ваш партнер по тренировкам или тренер должен отразить ударом по линии к вашей левой стороне. Затем вы отражаете кроссом к левой стороне оппонента, а он в свою очередь выполняет удар по линии слева на вашу правую сторону. Продолжайте данную последовательность. Ваша цель – отбить как минимум 20 мячей туда обратно без промахов. Каждый мяч идет за одно очко. Если вы промахнетесь, то счет необходимо будет начать сначала. Продолжайте, пока вы не отобьете 20 мячей по этой схеме. Плоские удары разрешены, но наиболее эффективными для данного упражнения будут крученые удары.

Обмен ударами до 20 мячей под веревкой, где один игрок выполняет только удары по линии, а другой только кроссы в виде фигуры 8

Для этого упражнения вам необходимо выполнить крученый или плоский удар по линии справа под веревкой так, чтобы мяч приземлился глубоко на корте. Ваш партнер по тренировкам или тренер должен отразить кроссом к вашей левой стороне. Затем вы отражаете ударом по линии к левой стороне оппонента, а он в свою очередь выполняет кросс на вашу правую сторону. Продолжайте данную последовательность. Ваша цель – отбить минимум 20 мячей туда и обратно без промахов. Каждый мяч идет за одно очко. Если вы промахнетесь, то счет необходимо будет начать сначала. Продолжайте, пока вы не отобьете 20 мячей по этой схеме. Плоские удары разрешены, но данное упражнение наиболее эффективно с крученым ударом.

УПРАЖНЕНИЯ ПОД И НАД ВЕРЕВКОЙ

Один игрок выполняет только кручёные удары справа над верёвкой, а другой - кроссы справа под верёвкой

Для этого упражнения вам необходимо выполнить кручёный или плоский кросс справа над верёвкой так, чтобы мяч приземлился глубоко на корте. Ваш партнер по тренировкам или тренер должен отразить удар кроссом справа под верёвкой. Ваша цель – отбить как минимум 20 мячей туда обратно без промахов. В случае промаха, счёт мячей необходимо начать заново. Продолжайте до тех пор, пока по данной схеме вы не дойдете до 20. Плоские удары разрешены, но наиболее эффективными для данного упражнения будут крученые удары.

Один игрок выполняет только круценые удары слева над веревкой, а другой - кроссы слева под веревкой

Для этого упражнения вам необходимо выполнить крученый или плоский кросс слева над веревкой так, чтобы мяч приземлился глубоко на корте. Ваш партнер по тренировкам или тренер должен отразить удар кроссом слева под веревкой. Ваша цель – отбить как минимум 20 мячей туда обратно без промахов. В случае промаха, счет мячей необходимо начать заново. Продолжайте до тех пор, пока по данной схеме вы не дойдете до 20. Плоские удары разрешены, но наиболее эффективными для данного упражнения будут крученые удары.

114 стратегий игры в теннис, психологические тактики и тренировочные упражнения

Один игрок выполняет только крученые удары справа над веревкой, а другой - удары по линии слева под веревкой

Для этого упражнения вам необходимо выполнить крученый или плоский удар по линии справа над веревкой так, чтобы мяч приземлился глубоко на корте. Ваш партнер по тренировкам или тренер должен отразить ударом по линии слева под веревкой. Ваша цель – отбить как минимум 20 мячей туда обратно без промахов. В случае промаха, счет мячей необходимо начать заново. Продолжайте до тех пор, пока по данной схеме вы не дойдете до 20. Плоские удары разрешены, но наиболее эффективными для данного упражнения будут крученые удары.

Один игрок выполняет только кручёные удары слева над верёвкой, а другой - удары по линии справа под верёвкой

Для этого упражнения вам необходимо выполнить кручёный или плоский удар по линии слева над верёвкой так, чтобы мяч приземлился глубоко на корте. Ваш партнёр по тренировкам или тренер должен отразить ударом по линии справа под верёвкой. Ваша цель – отбить как минимум 20 мячей туда обратно без промахов. В случае промаха, счёт мячей необходимо начать заново. Продолжайте до тех пор, пока по данной схеме вы не дойдете до 20.Плоские удары разрешены, но наиболее эффективными для данного упражнения будут крученые удары.

Один игрок выполняет только крученые удары слева над веревкой, а другой - удары резаные кроссы слева под веревкой

Для этого упражнения вам необходимо выполнить крученый или плоский кросс слева над веревкой так, чтобы мяч приземлился глубоко на корте. Ваш

партнер по тренировкам или тренер должен отразить резаными кроссами под веревкой. Ваша цель – отбить как минимум 20 мячей туда обратно без промахов. В случае промаха, счет мячей необходимо начать заново. Продолжайте до тех пор, пока по данной схеме вы не дойдете до 20. Плоские удары разрешены, но наиболее эффективными для данного упражнения будут крученые удары.

Один игрок выполняет только крученые удары справа над веревкой, а другой - обратные кроссы слева под веревкой

Для этого упражнения вам необходимо выполнить крученый или плоский удар по линии справа с левого угла над веревкой так, чтобы мяч приземлился глубоко на корте. Ваш партнер по тренировкам или тренер должен отразить ударом по линии справа под веревкой. Ваша цель – отбить как минимум 20 мячей туда обратно без промахов. В случае промаха, счет мячей необходимо начать заново. Продолжайте до тех пор, пока по данной схеме вы не дойдете до 20. Плоские удары разрешены, но наиболее эффективными для данного упражнения будут крученые удары.

ГЛАВА 8: ТРЕНИРОВОЧНЫЕ УПРАЖНЕНИЯ СО СЧЕТОМ ОЧКОВ

До 10 очков только над веревкой без подачи

Играйте до 10 очков, но только все 10 очков должны быть набраны победителем ударами над веревкой.

До 10 очков только под веревкой без подачи

Играйте до 10 очков, но только все 10 очков должны быть набраны победителем ударами под веревкой.

До 10 очков, где один игрок наносит удары только над веревкой, а другой – под (без подачи)

Играйте до 10 очков, но только все 10 очков должны быть набраны только ударами над веревкой одним игроком, и под веревкой другим игроком.

До 10 очков (с подачей) над верёвкой (подача всё время проходит под верёвкой за исключением, если вы выполняете крученый удар или крученую подачу)

Играйте до 10 очков, но только все 10 очков должны быть набраны только ударами над верёвкой, а начинать поинт нужно с подачи, которая должна проходить под верёвкой.

До 10 очков (с подачей) под верёвкой (подача всё время проходит под верёвкой за исключением, если вы выполняете кручёный удар или кручёную подачу

Играйте до 10 очков, но только все 10 очков должны быть набраны только ударами под верёвкой, а начинать поинт нужно с подачи, которая должна проходить под верёвкой.

ГЛАВА 9: ОБЫЧНЫЕ ТРЕНИРОВОЧНЫЕ УПРАЖНЕНИЯ СО СЧЕТОМ ОЧКОВ БЕЗ ВЕРЕВКИ

37. Только кроссы справа до 10 очков без подачи

Подкиньте мяч на правую сторону вашему оппоненту, а затем играйте поинт только кроссами до тех пор, пока один из вас не выиграет или пока один из вас не совершит ошибку и ударит по сетке или если будет аут. Помните, что необходимо внести нужные изменения в случае, если один или оба игрока левши. Выигрывает тот, кто первым наберет 10 очков. В этих тренировочных упражнениях не работает правило "перевеса в 2 очка".

38. Только кроссы слева до 10 очков без подачи

Подкиньте мяч на левую сторону вашему оппоненту, а затем играйте поинт только кроссами до тех пор, пока один из вас не выиграет или пока один из вас не совершит ошибку и ударит по сетке или если будет аут. Помните, что необходимо внести нужные изменения в случае, если один или оба игрока левши. Выигрывает тот, кто первым наберет 10 очков. В этих тренировочных упражнениях не работает правило "перевеса в 2 очка".

39. Только удары по линии до 10 очков слева направо без подачи

Подкиньте мяч на правую сторону вашему оппоненту, а затем играйте только ударами по линии до тех пор, пока один из вас не выиграет или пока один из вас не совершит ошибку и ударит по сетке или если будет аут. Помните, что необходимо внести нужные изменения в случае, если один или оба игрока левши. Выигрывает тот, кто первым наберет 10 очков. В этих тренировочных упражнениях не работает правило "перевеса в 2 очка".

40. Только удары по линии до 10 очков справа налево без подачи

Подкиньте мяч на левую сторону вашему оппоненту, а затем играйте только ударами по линии до тех пор, пока один из вас не выиграет или пока один из вас не совершит ошибку и ударит по сетке или если будет аут. Помните, что необходимо внести нужные изменения в случае, если один или оба игрока левши. Выигрывает тот, кто первым наберет 10 очков. В этих тренировочных упражнениях не работает правило "перевеса в 2 очка".

41. До 10 очков с подачей, играя только кроссами справа

Выполните подачу на правую сторону вашему оппоненту и затем играйте поинт только кроссами до тех пор, пока один из вас не выиграет или пока один из вас не совершит ошибку и ударит по сетке или если будет аут. Помните, что необходимо внести нужные изменения в случае, если один или оба игрока левши. Выигрывает тот, кто первым наберет 10 очков. В этих тренировочных упражнениях не работает правило "перевеса в 2 очка".

42. До 10 очков с подачей, играя только кроссами слева

Выполните подачу на левую сторону вашему оппоненту и затем играйте поинт только кроссами до тех пор, пока один из вас не выиграет или пока один из вас не совершит ошибку и ударит по сетке или если будет аут. Помните, что необходимо внести нужные изменения в случае, если один или оба игрока левши. Выигрывает тот, кто первым наберет 10 очков. В этих тренировочных упражнениях не работает правило "перевеса в 2 очка".

43. До 10 очков с подачей, играя только ударами по линии слева направо

Выполните подачу на правую сторону вашему оппоненту и затем играйте поинт только ударами по линии до тех пор, пока один из вас не выиграет или пока один из вас не совершит ошибку и ударит по сетке или если будет аут. Помните, что необходимо внести нужные изменения в случае, если один или оба игрока левши. Выигрывает тот, кто первым наберет 10 очков. В этих тренировочных упражнениях не работает правило "перевеса в 2 очка".

44. До 10 очков с подачей, играя только ударами по линии справа налево

Выполните подачу на левую сторону вашему оппоненту и затем играйте поинт только ударами по линии до тех пор, пока один из вас не выиграет или пока один из вас не совершит ошибку и ударит по сетке или если будет аут. Помните, что необходимо внести нужные изменения в случае, если один или оба игрока левши. Выигрывает тот, кто первым наберет 10 очков. В этих тренировочных упражнениях не работает правило "перевеса в 2 очка".

45. До 10 очков, когда один игрок может выполнять только кроссы, а другой игрок – только удары по линии без подачи

Подкиньте мяч на правую сторону вашему оппоненту, а затем играйте поинт только кроссами до тех пор, пока один из вас не выиграет или пока один из вас не совершит ошибку и ударит по сетке или если будет аут. Помните, что необходимо внести нужные изменения в случае, если один или оба игрока левши. Выигрывает тот, кто первым наберет 10 очков. В этих тренировочных упражнениях не работает правило "перевеса в 2 очка".

46. До 10 очков, когда один игрок может выполнять только удары по линии, а другой игрок – только кроссы без подачи

Подкиньте мяч на правую сторону вашему оппоненту, а затем играйте поинт только кроссами до тех пор, пока один из вас не выиграет или пока один из вас не совершит ошибку и ударит по сетке или если будет аут. Помните, что необходимо внести нужные изменения в случае, если один или оба игрока левши. Выигрывает тот, кто первым наберет 10 очков. В этих тренировочных упражнениях не работает правило "перевеса в 2 очка".

47. До 10 очков, когда один игрок может выполнять только кроссы, а другой игрок – только удары по линии с подачей

Подайте мяч вашему оппоненту, а затем играйте поинт кроссами, в то время пока ваш партнер выполняет только удары по линии, выполняя образно цифру 8 на корте. Держите мяч в игре до тех пор, пока один из вас не совершит ошибку и ударит по сетке или если будет аут. Помните, что необходимо внести нужные изменения в случае, если один или оба игрока левши. Выигрывает тот, кто первым наберет 10 очков. В этих тренировочных упражнениях не работает правило "перевеса в 2 очка".

48. До 10 очков, когда один игрок может выполнять только удары по линии, а другой игрок – только кроссы с подачей

Подайте мяч вашему оппоненту, а затем играйте поинт кроссами, в то время пока ваш партнер выполняет только удары по линии, выполняя образно цифру 8 на корте. Держите мяч в игре до тех пор, пока один из вас не совершит ошибку и ударит по сетке или если будет аут. Помните, что необходимо внести нужные изменения в случае, если один или оба игрока левши. Выигрывает тот, кто первым наберет 10 очков. В этих тренировочных упражнениях не работает правило "перевеса в 2 очка".

49. До 10 очков без подачи и без четкой схемы.

Подкиньте мяч своему оппоненту, а затем играйте обычно без каких-либо четких схем. Держите мяч в игре до тех пор, пока один из вас не совершит ошибку и ударит по сетке или если будет аут. Помните, что необходимо внести нужные изменения в случае, если один или оба игрока левши. Выигрывает тот, кто первым наберет 10 очков. В этих тренировочных упражнениях не работает правило "перевеса в 2 очка".

50. До 10 очков с подачей и без четкой схемы.

Подайте мяч своему оппоненту, а затем играйте обычно без каких-либо четких схем. Держите мяч в игре до тех пор, пока один из вас не совершит ошибку и ударит по сетке или если будет аут. Помните, что необходимо внести нужные изменения в случае, если один или оба игрока левши. Выигрывает тот, кто первым наберет 10 очков. В этих тренировочных упражнениях не работает правило "перевеса в 2 очка".

51. Сыграйте целый сет с подачей, выполняя только кроссы, а ваш партнер только удары по линии.

52. Сыграйте целый сет с подачей, выполняя только удары по линии, а партнер только кроссы.

53. Сыграйте целый сет по любой из предложенных схем на ваш выбор.

54. Сыграйте целый матч по любой из предложенных схем на ваш выбор.

ЕЩЕ ОТ ДЖОЗЕФА КОРРЕА

Тренинг по улучшению техники подачи

Этот DVD научит вас, как подавать на 10-20 миль в час быстрее в течение ежедневной трехмесячной программы. Лучшая программа для совершенствования подачи. Видео включает в себя 3-месячную программу с графиком обучения и пошаговым руководством. DVD показывает вам, как делать упражнения правильно и процесс, которому вы должны следовать, чтобы программа стала для вас успешной.

Джозеф Корреа является профессиональным игроком в теннис и тренером, который участвовал и проводил обучение по всему миру в турнирах МФТ и АТП в течение многих лет. Помимо того, что он является профессиональным игроком в теннис, у него имеется сетификат профессионального тренера от USPTR (Профессиональная Теннисная Ассоциация Соединенных Штатов Америки), а также сертификат детского тренера от МФТ.

33 Правила тенниса

Книга "33 правила тенниса" полна ценных теннисных концепций, которые помогут вам стать лучшим и более подготовленным теннисистом. Эта книга была написана профессиональным теннисистом и тренером в США. Книга пригодится вам тогда, когда вы меньше всего этого ожидаете, и напомнит вам о многих небольших, но важных вещах перед состязанием.

Движение ног и кардио в теннисе Джозеф Корреа

Джозеф Корреа является профессиональным игроком в теннис и тренером, который участвовал и проводил обучение по всему миру в турнирах МФТ и АТП в течение многих лет. Помимо того, что он является профессиональным игроком в теннис, у него имеется сетификат профессионального тренера от USPTR (Профессиональная Теннисная Ассоциация Соединенных Штатов Америки), а также сертификат детского тренера от МФТ.

Обретите лучшую форму и повысьте вашу мобильность на корте и вне его. Ваша работа ног резко улучшится, а также вам удастся укрепить верхнюю часть туловища. Этот, безусловно, стоящий трейнинг для серьезного теннисиста независимо от уровня. Вы становитесь быстрее, сильнее и ловче на корте, а также сможете наблюдать увеличение ускорения в ударах от земли и подачах. Книга создана профессиональным теннисистом для тех, кто хочет продвинуться в своей игре и выиграть больше матчей.

Йога для тенниса. Джозеф Корреа

Йога для тенниса Джозефа Корреа является отличным способом улучшения вашей гибкости и ловкости на корте. Отбивайте больше мячей и получайте меньше травм. Это отличный способ больше выигрывать, работая над другой областью вашей игры. Продолжительность DVD около 30 минут. Это руководство может использоваться как любителями, так и профессиональными теннисистами для улучшения игры и выносливости в матчах. Это лучший способ для теннисиста стать более гибким и избавиться от типичных болей в спине, коленях, плечах, задней поверхности бедра, икрах, подколенного сухожилия и четырехглавой мышцы бедра. Вы не пожелаете, что начали этот курс! Это улучшенная версия нашего курса MBS Йога для тенниса 2012 года.

Мышцы живота в теннисе. Джозеф Корреа

"Мышцы живота в теннисе" - это отличный способ, чтобы укрепить мышцы тела для более мощных подач, ударов справа и слева, а также ударов с лета. Мышцы живота являются ключевыми для лучшей игры. В этом DVD идет отработка многих видов качания пресса, приседаний, а также бокового пресса и пресса спины, которые вы не найдете в других видео по работе над мышцами живота. Почувствуйте себя уверенно, когда вы меняете футболку во время вашего матча или сильнее, ударяя по мячу!

www.ingramcontent.com/pod-product-compliance
Lightning Source LLC
Chambersburg PA
CBHW070138080526
44586CB00015B/1740